1970년대 UN에서의 UNCURK 해체 문제

한국외교협상사례 총서 5

1970년대 UN에서의 UNCURK 해체 문제

초판 1쇄 발행 2020년 12월 30일

지 은 이 홍석률
발 행 인 한정희
발 행 처 경인문화사
출판번호 406-1973-000003호
주소 (10881) 경기도 파주시 회동길 445-1 경인빌딩 B동 4층
전화 031-955-9300   팩스 031-955-9310
홈페이지 http://www.kyunginp.co.kr
이메일 kyungin@kyunginp.co.kr

ISBN 978-89-499-4941-3 94340
      978-89-499-4940-6 (세트)

국립외교원 외교안보연구소
외 교 사 연 구 센 터

1970년대 UN에서의
UNCURK 해체 문제

홍석률

경인문화사

간행사

해방과 함께 전쟁과 분단을 겪었던 한국은 냉전 구도 속에서 세계화와 다변화를 통해 전쟁의 폐허를 극복하고, G-20 국가 중 하나로 성장하였습니다. 이에 발맞춰 한국 외교는 분단을 극복하기 위하여 다양한 외교 현장에서 국익을 확대하고, 국제적 위상을 제고하였습니다. 이런 맥락에서 한국 현대 외교사는 냉전과 분단의 극복을 위한 세계화와 다변화 외교를 모색한 과정이었다고 할 수 있습니다.

한국 현대 외교사의 정리 작업의 일환으로 국립외교원 외교안보연구소 외교사 연구센터는 2018년부터 「한국외교 협상사례연구」를 시작하였습니다. 본 연구는 1948년 대한민국 정부 수립 이후 주요 외교협상 사례의 배경, 주요 쟁점, 전략, 과정, 성과와 후속 조치 등을 체계적으로 서술함으로써 외교관후보자 교재 및 현직 외교관의 업무용 자료로 활용하는 한편, 유사한 협상사례에 관한 정책적 함의를 도출하는 데 그 목적이 있습니다.

이를 위해 본 센터는 학계 전문가들로 구성된 기획편집위원회의 자문을 받아 1948년부터 2018년까지 대한민국의 주요 외교협상사례 100건을 선정하였으며, 이를 바탕으로 매년 5책 내외의 『한국외교협상사례 총서』를 순차적으로 발간할 계획입니다. 본 총서가 소기의 목적을 달성하고, 더 나아가 한국 현대외교사 연구를 심화하고 외교관 및 국민들의 이해를 넓히는 계기가 될 수 있도록 많은 관심과 격려를 부탁드립니다.

2020년 12월

국립외교원장 김준형

1973년 11월 제28차 유엔총회에서 UNCURK(유엔한국통일부흥위원단)가 조용히 해체되었다. UNCURK는 한국의 통일문제를 전담하는 유엔기구로 대한민국의 정통성 논리와도 밀접한 관계를 갖는 기구였고, 이 문제는 유엔군사령부 존폐 등 중대 사안과 항상 연계되어 논의되었다. 이 기구의 해체는 표면적으로는 대단히 조용하게 진행되었지만, 그 이면에서는 미국과 중국의 협상, 이들 강대국과 남북한 사이의 협상, 또한 유엔 총회에 참여한 동서양 진영과 비동맹 중립국 나라들 사이의 다채롭고 복잡한 협상과 움직임 속에서 진행되었다.

한반도 분단문제를 해결하기 위해서는 남북한 차원만이 아니라 주변 강대국들 사이에, 또한 강대국들과 남북한 사이에 다차원적인 협상과 타협이 필요하고, 이를 연결 지어 포괄적으로 파악할 수 있는 시야를 확보하는 것이 중요하다. UNCURK의 해체 과정을 이미 공개된 한국, 미국, 동유럽 공산주의 국가들의 문서들을 교차 분석하면서 다차원적으로, 심층적으로, 또한 구체적으로 살펴보는 작업은 이러한 시야를 확보하는 데 도움을 줄 것이라 생각한다. 한반도의 분단과 전쟁 과정에서 형성된 각종 제도와 협정 중에 현재까지 양측의 협상과 타협을 통해 근본적으로 바뀐 것은 UNCURK의 해체가 거의 유일하다고 할 수 있다. 여기에 대한 사례 연구는 한국 분단문제를 해결하기 위한 다차원적인 협상을 기획하고, 진행하는 데 여러 시사점을 줄 수 있을 것이다.

이 연구 작업은 1999년부터 미국 국립문서관에서 1970년대 초 남북대화 관련 기록을 수집하는 것으로부터 시작되었다. 애초 저자는 남북대화 연구 차원에서 문서 수집을 시작했지만, 당시 문서들은 남북대화가 미중 관계개선을 위한 협상과 이미 알려진 것보다 훨씬 긴밀하게 연결되어 있었고, 한미관계 뿐만이 아니라 북미관계 등 주변 강대국과 남북한의 관계도 중요한 변수로 작용했다는 사실을 보여주었다. 이에 1970년대 데탕트 국면에서 한반도 분단문제와 관련된 제반 동향들을 남북한 내부 정치 문제까지 포괄하여 분석하는 연구를 발표하였고, 그 연구에서 UNCURK의 해체를 한반도 분단문제가 국제적 문제에서 남북한의 문제로 한국화, 내재화되는 과정을 상징하는 사건으로 언급하였다.

그러나 UNCURK의 해체에 이르는 외교협상의 구체적인 과정을 분석하지는 못하였다. 이번 프로젝트를 수행하면서 거대한 맥락과 그 속에서 번쩍이는 '상징' 차원이 아니라, 거기에 내포된 미시적인 행위자들의 정책과 행동들을 다차원적으로, 또한 구체적으로 드러내고, 두텁게 서술할 수 있는 행운을 얻게 되었다. 이러한 작업을 허용해 준 국립외교원 외교사연구센터 관계자 분들, 특히 뛰어난 기획자이자 친절한 인도자였던 이상숙 교수님과 빈틈없는 연구 지원을 해준 정종혁 연구원께 고마움을 표한다. 이 연구를 진행하는데 많은 자문과 격려를 해주신 편집자문위원회 선생님들께도 감사드린다.

2020년 12월 9일

홍석률

차 례

| 표 |

1. 본 총서는 한국외교협상사례 기획편집위원회가 선정한 『한국 100대 외교협상사례』에 기초하여 협상의 배경 과 중요 쟁점, 전개과정과 협상전략, 후속조치와 평가 등을 서술한 것이다.

2. 본 총서의 집필자 추천 및 원고 심사는 한국외교협상사례 기획편집위원회가 담당하였다. 본 위원회의 구성 은 다음과 같다.

   위원장 신욱희(서울대학교)

   위　원 신종대(북한대학원대학교)

   위　원 안덕근(서울대학교)

   위　원 우승지(경희대학교)

   위　원 정병준(이화여자대학교)

   위　원 조양현(국립외교원)

   위　원 홍석률(성신여자대학교)

3. 본 총서는 각 협상사례를 상대국 및 주제에 따라 총 7개의 클러스터로 분류하였다. 각 클러스터는 책등 및 앞표지 상단의 사각형 색으로 구분하였다.

   1) 한반도(황색)

   2) 미국(주황색)

   3) 일본(자주색)

   4) 중국, 러시아(보라색)

   5) 유럽, 제3세계(남색)

   6) 국제기구, 환경(녹색)

   7) 경제통상(연두색)

4. 부록에는 협상의 관련 자료 및 해제와 연표 등을 수록하였다.

  1) 관련 자료에는 한국, 협상상대국, 제3국의 외교문서 원문 및 발췌문, 발표문, 언론보도 등을 수록하였다.

  2) 자료의 제목, 공식 문서명, 발신일, 수록 문서철, 문서등록번호, 기타 출처 등은 부록 서두에 목록화하였다.

  3) 자료 해제에는 각 자료의 배경, 요점, 함의 등을 간략히 기술하였다.

  4) 연표에는 주요 사건의 시기와 내용, 관련 자료 등을 표기하였다.

  (예)

시기	내용
1950. 10. 7.	유엔총회 UNCURK 창설 결의
[자료 1] "Resolution 376 (V) Adopted by the General Assembly"	

  5) 자료의 제목은 공식 문서명을 기재하는 것을 원칙으로 하되(예: "Telegram from the Embassy in Korea to the Department of State") 편의상 자료의 통칭 등을 기재하기도 하였다(예: "닉슨 독트린").

  6) 자료는 원칙적으로 발신일을 기준으로 나열하되, 경우에 따라 협상 단계 및 자료간 연관성 등을 고려하여 배치하였다.

| 개요 |

UNCURK(유엔한국통일부흥위원단)는 1950년 10월 7일 유엔총회 결의로 창설된 유엔기구로 대한민국 정부 수립을 위해 총선거를 감시했던 UNTCOK(유엔임시한국위원단)와 이를 대체하여 만들어진 UNCOK(유엔한국위원단)의 기능을 승계한 기구였다. UNCURK는 전 한반도 차원에서 통일, 독립, 민주화된 정부를 수립하고, 전란을 수습하며 경제 재건을 달성하는 임무를 부여받았다. 그러나 한국전쟁이 휴전으로 마무리됨에 따라 그 임무 수행은 실질적으로 기대하기 어려워졌다. UNCURK는 한국 분단 문제 해결에 대한 유엔의 관여를 제도적으로 밑받침하는 기구였고, 유엔감시 하 총선거라는 당시 한국 정부의 통일 방안을 실현하기 위해 핵심적인 역할을 해야 할 상징성이 큰 기구였다. UNCURK는 매년 유엔총회에 한반도 상황에 대한 보고서를 제출했고, 이를 계기로 연례 행사처럼 유엔총회에서 한반도 분단 문제가 토론되었다.

UNCURK의 활동은 1960년대 하반기부터 난관에 봉착하였다. 1950년대와 1960년대를 거쳐 아시아, 아프리카 지역 나라들이 대거 독립하여 유엔에 가입하고, 이들 다수가 비동맹운동에 가담하면서 유엔의 판도도 변화하였다. 소련 등의 공산국가와 알제리 등 일부 비동맹 국가들은 1967년부터 매년 외국군 철수 결의안과 함께 UNCURK 해체 결의안을 제출하였다. 이 결의안들은 모두 표결 끝에 부결되었지만, 한국과 미국 정부는 유엔에서의 한반도 문제 토론에 점점 더 많은 부담을 느끼게 되었다. 이에 1968년 한미 양국은 상호 공조하여 UNCURK의 보고서를 유엔총회가 아닌 사무총장에게 제출하는 방식으로 한반도 문제가 총회 의제로 자동 상정되는 것을 회피하는 정책을 취하였다.

한편 1960년대 하반기부터 UNCURK 회원국이던 칠레와 파키스탄은 회의에 장기간 불참하는 등 활동에 소극성을 보였다. 칠레는 사회주의자 아옌데 (Salvador Allende)가 집권하자 1970년 11월 UNCURK 회원국에서 공식 탈퇴하였고, 파키스탄도 1972년 11월에 탈퇴하였다. 이처럼 UNCURK 활동은 1960년대 말부터 내외적으로 도전을 받았다.

1973년 11월 21일 제28차 유엔총회 제1위원회 의장이 동서 양 진영의 나라들이 사전에 합의하여 제출한 UNCURK 해체 결정 성명을 낭독하고, 이를 표결 없이 만장일치로 채택하였다. 이에 UNCURK는 창립 23년 만에 사라졌다. 냉전 시기 한반도 문제가 동서 양 진영의 협상과 합의에 의해 처리된 유일한 사례였다. UNCURK의 해체 결정은 미국과 중국 사이의 협상과 미국과 남한, 중국과 북한 사이에 벌어진 협상 및 공조, 1970년대 초 처음 시작된 남북대화 등과 맞물려가며 진행된 다차원적인 외교 협상의 결과물이었다. 본 연구는 최근 공개된 한국, 미국의 정부 문서들과 일부 동유럽 국가들의 문서 등 당대의 문서를 바탕으로 UNCURK 문제를 둘러싸고 비공개적으로 진행된 다차원적인 외교 협상의 실체를 입체적으로 규명하려 하였다.

1970년대 초에도 한국 정부는 어려움이 있더라도 가급적 UNCURK를 그대로 유지하려 하였다. 반면 미국 정부 내에서는 1971년 6월부터 UNCURK와 유엔군사령부를 비롯한 한국 관련 유엔기구의 유용성에 대해 재평가 작업이 진행되었다. 이는 물론 중국과의 관계 개선을 염두에 둔 것이었지만, 또한 아시아 지역에서 미국의 개입을 축소하는 미국 정부 자체의 정책과 이해관계를 반영한 것이었다. 미국 정부는 UNCURK의 유용성에 대해서는 부정적인 평가를 했고, 유엔군사령부 문제에 대해서는 UNCURK 문제와 분리하여 좀 더 신중한 접근을 강조하였다.

중국은 미국과의 관계 개선 협상 과정에서 1971년 10월부터 북한의 입장을 전달하는 차원에서 UNCURK 해체를 미국에 요구하였다. 1972년 2월 닉슨 대통령의 베이징 방문 과정에서도 중국 측은 이를 거론하였고, 같은 해 6월부터는 연내에 UNCURK를 해체하자고 제안하며 그 시한까지 설정하면서 이 문제를 현안으로 부각시켰다. 미국은 중국의 주장에 대해 UNCURK 문제에 대해서는 미국 정부 내에서도 현재 연구·검토 중이라고 전하면서 타협의 여지를 두었다. 다만 한국 정부와의 협의도 필요하고, 1972년 11월 미국의 대통령 선거도 예정되어 있었기 때문에 가급적 구체적인 논의를 보류하고 시간을 확보하려 하였다. 이에 키신저는 1972년 제27차 유엔총회를 앞두고 중국 측에 다음 해인 1973년에는 UNCURK 해체 문제를 해결할 수 있다고 언질을 주기도 하였다.

한국 정부가 북한 및 공산 측 국가들이 유엔에서 벌이는 UNCURK 해체, 유엔군사령부 해체, 외국군 철수 공세에 대응하는 방식은 가급적 유엔총회에서 한반도 문제 토론을 연기하거나 회피하는 것이었다. 1971년 9월 분단 이후 처음 시작된 남북대화는 한반도 문제로 유엔에서 동서 양 진영이 논쟁하고, 표대결을 하기보다는 남북대화의 결과를 기다려보자는 논리로 한반도 문제 토론을 연기할 수 있는 명분을 제공하였다. 한국 정부는 주도적으로 미국 정부와의 공조하에 이러한 논리를 내세워 1971년(제26차)과 1972년(제27차) 유엔총회에서 한반도 문제 토의 연기 전략을 추진하여 성사시켰다.

당시 미국의 닉슨 행정부는 중국과 한반도 문제 토의 내용을 한국 정부에 제대로 알려주지 않았다. 중국이 1971년부터 UNCURK 해체를 주장했고, 미국 정부 내에서 UNCURK 및 한국 관련 유엔기구의 유용성에 대해 재검토 작업이 진행되었지만 이러한 사실들을 한국 정부에 알리지 않았다. 1972년 봄부터 미국 관리들은 한국 관리들에게 한반도 문제 토의 연기 전략이 관철되지 못할 경우의 비상계획 차원에서 UNCURK의 장래 문제도 연구해보아야 한다며 이 문제를 처음 거론하기 시작하였다. 그러나 당시 한국 정부는 비상계획을 미리 마련하기보다는 토론 연기에 집중하자면서 미국과 이 문제에 대한 구체적인 논의를 진척시키지 않았다.

1973년에 이르자 중국은 UNCURK 해체를 연내에 단행하자고 미국을 압박하였고, 키신저도 2월 베이징 방문 과정에서 여기에 원칙적인 동의를 표하였다. 1973년 5월 한국 정부는 후일 6.23선언으로 발표된 획기적인 외교정책의 전환을 준비하며 UNCURK 해체에 반대하지 않겠다는 정책을 결정하였다. 한국 정부의 정책 전환에는 미국의 권고와 유도, 북한의 세계보건기구(WHO) 가입 성공 등 국제환경의 변화가 영향을 미쳤다.

키신저는 제28차 유엔총회 개막 직전인 1973년 여름, 중국 측에 1973년에는 UNCURK 문제를 해결하고, 1974년에는 유엔군사령부 문제를 해결하자고 제안하였다. 중국은 제28차 유엔총회가 개막될 때까지 답변을 유보했지만, 결국 미국의 제안을 수용하였다.

1973년 11월 제28차 유엔총회가 진행되고 있는 상황에서 미국과 중국은 UNCURK 해체의 구체적인 방식과 공동 성명의 내용을 두고 뉴욕에서 다시 은밀한 비공개 협상을 전개하였다. 협상은 기본적으로 미국과 중국이 중요 내용을 합의한 후, 남북한을 설득하고, 각자의 동맹국들을 설득하는 방식으로 진행되었다. 미국과 중국 모두 표면적으로는 남한이 앞장서서 UNCURK 해체를 제안하고 논의를 주도해주기를 희망했지만, 당시 한국 정부는 UNCURK 문제에 대해서는 유엔총회의 결정을 수용하겠다는 정도의 소극적인 입장을 표명하는 것에 그쳤다.

남북의 외교 경쟁, 체제 경쟁 차원에서 볼 때 UNCURK의 해체는 북한이 단기적으로는 승리한 듯 보였지만, 장기적으로는 결국 이것이 유엔에서 한반도 문제 토론을 종식하는 데 기여하여 남한과 미국에 유리한 결과를 가져왔다. UNCURK의 해체는 동서 양 진영의 협상과 타협을 통해 달성되었지만, 한반도의 평화를 정착시키는 후속 작업으로 이어지지는 못하였다. 그럼에도 불구하고 한반도의 분단과 전쟁 과정에서 만들어진 각종 제도와 협정 중에 양측의 협상과 타협에 의해 근본적으로 바뀐 것은 지금까지 UNCURK의 해체가 유일하다고 할 수 있다. 이러한 측면에서 UNCURK의 해체 과정에서 다차원적으로, 입체적으로 진행된 외교 협상은 한반도의 평화 정착과 통일을 추구하는 과정에서 여러 시사점을 줄 수 있다.

1970년대 UN에서의 UNCURK 해체 문제

Ⅰ. 서론

1. 연구의 의의: UNCURK 사례연구의 의의

UNCURK(유엔한국통일부흥위원단, The United Nations Commission for the Unification and Rehabilitation of Korea)는 1950년 10월 7일 유엔총회 결의로 창설된 한국 통일 문제를 전담하는 유엔기구이다. 이 기구는 대한민국 정부 수립을 위한 선거를 감시하던 UNTCOK(유엔임시한국위원단, The United Nations Temporary Commission On Korea)와, 이를 대체하여 만든 UNCOK(유엔한국위원단, The United Nations Commission On Korea)의 기능을 승계하였다. UNCURK는 한국 분단 문제 해결에 대한 유엔의 관여를 제도적으로 밑받침하는 기구였다. 매년 유엔총회에 한반도 상황에 대한 보고서를 제출하였고, 이를 계기로 연례행사처럼 유엔총회에서 한반도 문제가 토론되었다. 대한민국은 유엔 감시 아래 총선거를 통해 수립되었고, 유엔으로부터 선거 가능한 지역에서 수립된 한반도의 유일 합법 정부로 인정받았다. 한국 정부는 유엔 감시 아래 토착인구 비례에 의한 총선거 안을 통일방안으로 천명해왔다. 따라서 UNCURK는 한국의 국가 정통성 논리와 연관된 기구이고, 한국 정부의 통일방안을 실현하기 위해 가장 핵심적인 역할을 해야 할 기구였다.

1973년 11월 제28차 유엔총회에서 UNCURK의 해체가 표 대결 없이 동서 양 진영이 사전에 합의한 사항을 유엔총회 제1위원회 의장이 낭독하는 방식으로 만장일치로 결정되었다. 냉전 시기에 한반도 문제에 대해 양 진영의 합의로 문제를 해결한 유일무이한 사례다.

UNCURK는 냉전적 국제정치의 산물로 양 진영이 모두 동의하여 참여하거나, 중시한 기관은 아니었다. 서방의 입장을 대변하고, 서방이 주도하는 기구였고, 공산주의 국가들은 이 기구의 설립 및 활동에 반대해왔다. 또한 UNCURK는 설립 목적인 한반도 분단 문제의 해결을 위해 실질적으로 중요한 역할을 할 것으로 기대할 수 있는 기구도 아니었다. 그러나 UNCURK가 갖고 있는 상징성은 막대하였다. 창립 이후 23년 내내 유엔에서 항상 논란을 발생시켰던 기구가 어떻게 양 진영의 합의 속에서 조용히 해체되었을까? 이는 대단히 독특하고, 특별한 사례라 할 수 있다.

UNCURK의 해체는 1960년대 말부터 유럽에서 시작되어, 1970년대에는 전 세계적으로 파급된 데탕트 국제정세 하에서 진행되었다. 1970년대 초 한국전쟁 때 한반도에서 격돌하던 미국과 중국이 관계 개선에 나서기 시작하였다. 최근 연구에서 이미 지적되었듯이 미국과 중국은 관계 개선 과정에서 한반도 문제를 논의하고, UNCURK 문제도 거론하였다. 미중관계 개선과 연동되어 1971년 9월부터 남북한 사이에도 분단 이후 처음으로 남북대화가 진행되었다. 또한 매년 그러했듯이 1970년대 초 유엔에서도 한국 문제에 대한 토론이 있었다. 이 세 가지 영역은 매우 긴밀하게 맞물려가면서 진행되었다. 이 과정에서 주한미군 문제, UNCURK 및 유엔군사령부 문제, 평화협정 문제, 남북한 유엔 동시 가입, 이산가족 찾기, 남북교류 문제 등 다양한 쟁점이 거론되었다.[1]

미국과 중국 사이에, 남한과 미국 및 중국과 북한 사이에, 남북한 사이에, 또한 유엔 회원국들 사이에 한반도 문제와 관련하여 여러 다차원적인 협상이 교차하였다. 그런데 데탕트 시기 유일하게 어떤 방식으로든 해결되어 결과를 본 것은 UNCURK 해체 단 하나뿐이었다. UNCURK 해체 과정에 대한 연구는 한반도 분단 문제를 둘러싸고 미중 관계, 남북 관계, 남북한과 주변 강대국 관계가 복잡하게 교차되는 양상을 입체적으로 살펴 볼 수 있는 좋은 사례가 될 것이다.

UNCURK의 창설과 활동, 설립에 대해서는 이광호의 선구적 연구가 있다.[2] 그러나 이 연구는 UNCURK 해체 무렵에 진행된 연구이기 때문에 유엔 무대에서 표면적으로 진행된 사실에 기초해서 작성되었고, 그 이면에 관련 국가들 사이에서 비공개적으로 진행된 사실에 접근할 수는 없었다. 그러나 최근 미국 및 한국 정부를 비롯한 관련 국가들의 정부 문서가 공개되어, 그 이면에서 진행된 사실들에 대해서도 알 수 있다. 본 연구는 최근 공개된 각국의 정부 문서를 토대로 UNCURK의 해체 과정을 다각적으로 또한 입체적으로 조명해보려 한다.

한반도의 분단과 전쟁의 과정에서 여러 국제적인 기구 및 협정과 조약들이 만들어졌고, 이를 통해 한국의 분단구조가 형성되었다. 유엔의 한반도 문제에 대한 관여를 제도적으로 뒷받침하는 UNCURK라는 기구가 있었고, 유엔군사

---

1 서울대학교 국제문제연구소 편, 2011,『데탕트와 박정희』, 논형; 홍석률, 2012,『분단의 히스테리-공개문서로 본 미중관계와 한반도-』, 창비; 김지형, 2008,『데탕트와 남북관계』, 선인; 우승지, 2020,『남북화해론: 박정희와 김일성』, 인간사랑; 마상윤·박원곤, 2009,「데탕트기의 한미갈등—닉슨, 카터와 박정희」,『역사비평』봄호

2 Kwang Ho Lee, 1974, *A Study of the United Nations Commission for Unification and Rehabilitation of Korea(UNCURK): the Cold War and a United Nations Subsidiary Organ*, Ph. D. Thesis, University of Pittsburgh

령부가 만들어졌으며, 휴전협정이 체결되고 그 이행을 위해 군사정전위원회, 중립국감독위원회 등이 만들어졌다. 또한, 남북한은 각자의 안전 보장을 위해 미국, 중국, 소련(러시아) 등과 양자적 차원의 군사동맹을 맺었다. 이러한 한반도 분단 문제와 관련된 다양한 기구와 협정 및 조약, 즉 한반도의 분단구조를 형성하는 여러 요소 중에 현재까지 근본적으로 바뀐 것은 UNCURK가 해체된 것 단 하나뿐이다. 따라서 여기에 대한 사례연구는 한반도의 항구적 평화체제의 구축과 남북한의 통일을 추구하기 위해 진행해야 할 외교협상을 위해 여러 차원에서 중요한 시사점을 줄 수 있을 것이다.

2. 연구의 특징: 다차원적 국제관계의 입체적 분석

한국은 냉전의 형성 과정에서 분단되고, 전쟁이 발생하였으며, 그 전쟁이 아직도 공식적으로는 종결되지 않고, 휴전 상태에 머물러 있다. 한반도의 분단 상황을 이해하기 위해서는 남북한 관계와 아울러, 한반도 문제를 둘러싼 주변 강대국 사이의 관계, 주변 강대국과 남북한의 관계, 유엔 등의 무대에서 이루어지는 다자간 외교관계 등 다차원적인 국제 외교관계들을 입체적으로 파악할 필요가 있다. 이밖에 남북관계 및 국제 외교관계에 영향을 미치는 핵심 변수로 남북한의 내부 정치 문제도 역시 고려해야 한다. 이 연구는 UNCURK 해체 문제들 둘러싸고 진행된 다차원적인 국제관계를 망라하여 입체적으로 분석하는 것을 시도한다. 이것이 본 연구의 가장 기본적인 특징이다.

UNCURK 문제는 여기에 관여한 남북한, 미국, 중국 등의 나라에서 유엔군사령부 문제와 함께 거론하였다. 또한, 이 문제는 남북한 동시 유엔 가입을 제안한 '6.23 선언'및 남북한 대표 유엔 참석 문제와도 불가분의 관계를 맺고 있다. 이 연구에서는 이와 같은 문제들도 함께 고려하지만 사례연구의 취지를 반영하여, 분석의 초점은 어디까지나 UNCURK 문제에 맞추려 한다. 유엔군사령부 문제는 UNCURK 문제와 항상 연계되어 거론되기는 했지만, 사안 자체에 본질적 차이가 있다. UNCURK가 유엔총회 결의로 만들어진 기구인데 반하여, 유엔군사령부는 유엔 안전보장이사회 결의로 창설된 기구이다. 따라서 두 문제를 논의하고 결정하는 영역과 절차 자체가 다르다. 또한, 유엔군사령부는 휴전협정의 유지 문제와 직결되고, 한국의 안보와 관련하여 매우 실질적인 역할을 하는 조직이다. 때문에 여기에 대해서는 별도의 맥락에서 사례 분석이 필요하다.

이 연구는 기본적으로 다국사료 교차분석연구법(Multi-Archive Research)에 의거하여 진행하였다. 당대에 작성된 대한민국 외교 문서, 미국 정부 문서, 동유럽 공산주의 국가들의 정부 문서 등을 기본 사료로 활용하여 교차·분석하였다. UNCURK 해체에 관여한 중요 행위자는 남북한과 미국, 중국이라 할 수 있다. 그러나 이 문제는 유엔총회에서 논의되는 것이기 때문에 유엔회원국 전체가 이 문제에 관여했다고 할 수 있다. 중요 행위자들의 활동을 중심에 놓고, 기타 UNCURK 회원국, 남한과 북한의 입장을 각기 지지했던 여러 우방국의 움직임을 살펴보려 한다.

1970년대 초는 데탕트 국제 정세의 조성으로 세계와 한반도 주변 정세가 급변하는 시점이었다. 이러한 정세 변화에 조응하여 관련국들은 자신의 외교 정책을 재정립하는 작업을 할 수밖에 없었다. 따라서 이 연구에서는 급격한 상황변동에 대응하는 외교정책의 유연성과 탄력성에 초점을 두고 UNCURK 문제에 대처하는 한국의 외교 정책 및 활동을 분석해보려 한다.

UNCURK 해체 과정을 분석하면서 제기할 수 있는 중요 질문들은 다음과 같다.

① 미국과 중국 사이에 UNCURK 문제 대한 대화와 협상은 어떻게 전개되었는가?

② 한국 정부의 UNCURK 문제에 대한 대응과 정책 변화는 어떻게 전개되었는가? 또한, 이 과정에서 한미 공조는 어떻게 진행되었고, 한국은 얼마만큼 주동적이며 능동적인 역할을 하였는가?

③ 남북한 외교 경쟁의 맥락에서 UNCURK의 해체는 어떻게 평가될 수 있는가?

④ UNCURK 해체 과정은 한반도의 평화 정착과 남북 통합을 추구하는 데 어떠한 시사점과 교훈을 줄 수 있는가?

Ⅱ. UNCURK의 조직 및 활동, 논란의 발생

1. UNCURK의 창설과 활동

1945년 8월 해방 직후 한국의 통일·독립 문제를 해결하기 위해 미소 공동위원회가 개최되었지만, 결국 결렬되었다. 미국은 한국 문제를 유엔에 이관했고, 1947년 11월 14일 유엔총회는 한국 문제에 관한 결의를 채택하였다. 이결의는 호주(Australia), 캐나다, 엘살바도르, 프랑스, 인도, 필리핀, 시리아, 우크라이나 소비에트 공화국 등 8개국의 대표로 UNTCOK(유엔한국임시위원단)를 설립하고, 한국의 정부 수립을 위한 국회의원 선거를 감시할 것을 규정하였다. 8개국 중 우크라이나는 위원단 참여를 거부하였다. 이에 7개국 대표로 구성된위원단의 감시 하에 1948년 5월 10일 남한에서만 국회의원 선거가 치러졌고, 대한민국 정부가 1948년 8월 15일 수립되었다.

1948년 12월 12일 유엔총회는 다시 한반도 문제에 대한 결의를 채택하여, 대한민국 정부를 선거 가능한 지역에서 수립된 한반도의 유일한 합법 정부로인정함과 동시에 UNTCOK를 대체하여 UNCOK(유엔한국위원단)의 수립을 결정하였다. UNCOK는 기존의 UNTCOK 회원국 중 참가를 애초부터 거부한 우크라이나를 제외하고, 캐나다 대신 중국(장개석의 중화민국)을 넣고, 나머지 기존 회원국은 계속 참여하여 모두 7개국으로 구성되었다. UNCOK는 UNTCOK가 완수하지 못한 한반도 전체의 통일·독립된 정부의 수립을 위해 계속 노력하고, 모든 한국인 군대의 통합을 달성하기 위해 거중조정(good office)하는 등의 임무를 위임받았다.[3] 이후 1950년 6월 25일 한국전쟁이 발발하자 UNCOK는 북한의 전면 남침에 대해 유엔사무총장에 보고하고, 이 문제를 안전보장이사회에 상정해줄 것을 권고하였다.[4]

1950년 10월 7일 유엔총회는 다시 한반도 문제에 대한 새로운 결의를 채택하였다. 호주, 칠레, 네덜란드, 파키스탄, 필리핀, 태국, 터키 등 7개국 대표로 UNCURK를 설립하고, 기존 UNCOK의 기능을 승계하여 전 한반도 차원에서 통일, 독립, 민주화된 정부를 수립하고, 전란을 수습하며 경제 재건을 달성할 것을 위임하였다.[5] 이 무렵은 1950년 9월 인천상륙작전으로 전세가 역전되어 유엔군이 38선을 넘어 북한 지역으로 진격해갈 때였다. UNCURK가 설립될 당시에는 유엔군이 북한을 완전히 점령하여 실제 UNCURK의 주도 하에 한국의 통일과 전후 재건이 가능할 것으로 보였다. 그러나 중국군의 개입으로 전쟁은 새로운 국면을 맞이하였고, 결국 전선이 교착되다가 1953년 7월 휴전협정이 체결되었다. 이에 UNCURK의 임무는 현실적으로 장기간 달성되기가 어려운 상황에 직면하였다.

UNCURK는 회원국의 주일본 대사 또는 주한국 대사가 위원을 맡았다. 위

---

3   외무부, 1976, 『유엔한국문제결의집』, 39-41쪽 및 58-61쪽.
4   Kwang Ho Lee, 1974, *op.cit.*, 42쪽.
5   「Resolution 376 (V) Adopted by the General Assembly」 October 7, 1950(외무부, 1976, 앞의 책, 93-96쪽)

원들은 상근을 하는 것이 아니고 회의가 있을 때마다 모여 토의하고 결정을 내렸다. 설립 초기에는 UNCURK 회원국 대부분이 한국에 대사관을 두지 못한 실정이었기 때문에 주로 회원국의 주일본 대사가 위원을 겸임하였다. UNCURK 휘하에는 상근하는 사무국이 있었고, 이를 통괄하는 사무국장이 있었다. 사무국장 밑에는 정치, 경제, 행정, 통신 4개의 과가 있어 1970년대 초에는 7명의 외국인 직원과 28명의 한국인 직원이 일하였다. 창설 당시에는 산하 상설기구로 경제 부흥과 피난민 구호를 맡은 제1위원회와 북한의 실태조사를 담당하는 제2위원회를 두고 사안에 따라 시찰단과 특별단을 두어 활동하였다. 그러나 이러한 기구의 활동은 한국전쟁의 휴전과 함께 중단되었다.[6]

UNCURK는 1950년 11월 초 부산 서울 미8군 기지 안에 있는 건물에 본부 사무실을 꾸미고 활동하였다. 이후 여러 건물을 전전하다가 1969년 6월 서울 영등포에 UNCURK 청사를 신축하여 해체할 때까지 사용하였다. 박정희 대통령은 새로운 청사를 신축하도록 특별지시를 내려 지원하였고, 정부 요인 및 주한 외교사절들과 함께 청사 개관식 행사에도 참석하였다.[7] UNCURK 청사는 여의도 건너편 강변도로 근처에 위치하였는데, 연건평 574평에 달하는 2층 건물로 작지 않은 규모였다. 한국 정부의 국유재산이지만 UNCURK 사무국이 위탁관리하는 형식으로 사용하였다.[8]

1969년이면 UNCURK 활동이 이미 내외적으로 난관에 처한 시점이었다.

---

6 이광호, 1973, 「UNCURK그 四半世紀의 역사」, 『법학논총』 8호, 173쪽
7 『경향신문』 1969년 6월 23일
8 총무처, 「국유재산 보관위탁서」 1971년 2월 23일, 731.91, 1971(분류번호), 4386(등록번호), 대한민국외교사료관

또한, 후술하겠지만 1968년 한국과 미국 정부는 이른바 '재량상정' 방식을 채택하여, 매년 성과 없이 계속되는 유엔총회에서의 한국 문제 토론을 가급적 회피하는 정책을 취하였다. 그러나 한국 정부는 UNCURK 활동의 중요한 상징성 때문에 청사까지 마련해주고, 이 기관이 지속적으로 활동할 수 있도록 지원하였던 것이다.

2. UNCURK 존속 문제의 쟁점화

가. 1960년대 말 공산진영의 UNCURK 해체 공세 강화

UNCURK는 서방 측의 주도로 만들어졌고, 회원국도 대한민국에 우호적인 서방 국가로 국한되었다. UNCURK는 공평하고, 중립적인 국제기관으로 인정받기보다는 대한민국과 서방 국가들의 한반도 문제에 대한 입장을 대변하는 조직으로 인식되었다.[9] 공산진영의 국가들은 애초부터 이 기구의 창립과 활동에 반대하였다.

UNCURK는 매년 유엔총회에 한반도 상황에 대한 보고서를 제출했고, 서방 국가들은 이 보고서를 승인하고, UNCURK가 애초 부여받은 목적(전 한반도에 걸친 통일, 독립, 민주적 정부의 수립)을 위해 계속 노력해줄 것을 당부하는 결의안을 매년 제출하였다. 이를 통상적으로 '통한결의안(統韓決議案)'이라 하였다. 반면 공산 측은 여기에 맞서 한반도에서 외국군 철수, UNCURK 해체 등을 주장하는

---

9 Kwang Ho Lee, *op.cit.*, 141-151쪽

결의안 등을 제출하여 서로 표 대결을 벌였다. 이를 통상 '실질 문제' 토론이라 하였다. 1975년 제30차 총회까지 공산 측이 제출한 결의안은 단 한 번도 표결을 통해 통과된 적이 없었다. 반면 서방 측의 통한결의안은 매년 통과되었다.

한편, 유엔총회에서는 거의 매년 한반도 문제 토론에 남북한 대표를 초청하는 문제를 두고 또한 표 대결이 벌어졌다. 이를 통상 '절차 문제'에 대한 토의라 한다. 1948년 제3차 총회 때부터 서방 측은 대한민국 대표를 단독 초청하는 결의안을 내었고, 공산 측 국가들은 북한 대표의 단독 초청 또는 남북한 대표의 동시 초청 결의안을 제출하였다. 표결 끝에 남한 대표만을 초청하는 결의안이 매년 통과되고, 북한의 입장을 대변하는 결의안은 계속 부결되었다.

그런데 아시아, 아프리카 지역에서 과거 식민지였던 나라들이 독립하여 유엔 회원국이 되기 시작하자 유엔의 판도도 서서히 바뀌어갔다. 1960년 말에서 1961년 초까지 진행된 제15차 유엔총회 제1위원회(Disarmament and International Security Committee, 통상 '정치위원회'라고 함)에서 인도(India) 대표가 남북한 대표 동시 초청안을 제안하였다. 이 결의안이 신생 아시아, 아프리카 나라들의 호응을 받아 표 대결에서 어려움이 예상되자, 미국 대표 스티븐슨(Adlai Stevenson)은 1961년 4월 12일 남한 대표와 더불어 북한 대표를 조건부로 동시 초청하자는 수정안(스티븐슨안)을 제출하였다. 이것이 표결 끝에 통과되었는데, 그 내용은 다음과 같다.

> 조선민주주의인민공화국 대표와 대한민국의 대표를 함께 투표권 없이 한국 문제의 토의에 참가하도록 초청할 것을 결정한다. 단, 전자는(북한; 필자) 대한민국이 이미 행한 바와 마찬가지로 유엔이 그 헌장의 규정 내에서 한국 문제에 관하여 조치를 취할

기능과 권위를 가지고 있음을 먼저 명백히 수락할 것을 조건으로 한다.[10]

제1위원회는 1961년 4월 14일 북한의 회답을 기다릴 것 없이 일단 대한민국 대표를 즉시 참가시키자는 일본 대표가 제안한 결의안을 통과시켰다. 이에 한국의 정일형 외무장관이 총회에 출석하여 발언하였다. 반면 북한은 4월 17일자로 조건부 초청을 거부하는 회답을 보내 유엔총회에 참여하지 못하였다. 제15차 총회 때 남북한 대표 초청 문제를 둘러싸고 발생한 논란은 당시 한국 사회에 커다란 파문을 불러일으켰다. 유엔이 더 이상 대한민국의 입장을 일방적으로 대변해주지 않을 수 있음을 보여준 사례로 인식되었다.[11]

이후 1970년대 초까지 서방 측은 남한 대표 초청안 또는 조건부 남북한 대표 동시 초청안(스티븐슨안과 유사)을, 공산측은 조건 없는 남북한 대표 동시 초청안을 제출하여 표 대결을 벌였다. 항상 서방 측 결의안이 통과되고, 공산 측 결의안은 부결되었다.

1950년대와 1960년대 전반에도 공산진영의 국가들은 간헐적으로 UNCURK 해체 요구를 담은 결의안을 제출하였지만, 모두 의제 상정에 실패하거나, 표결에서 부결되었다. 그러다가 1967년 제22차 유엔총회에서 소련 등의 공산 국가들이 UNCURK 해체 요구만을 담은 결의안을 제출했지만 표결에서 부결되었다.[12] 1968년부터 1970년까지 즉, 제23차 총회부터 제25차 총회까지 세 번

10 "Resolution Adopted by the First Committee (A/C.1/867)", December 13, 1961(외무부, 1976, 앞의 책, 290쪽 수록)
11 홍석률, 2001, 『통일 문제와 정치·사회적 갈등: 1953-1961』, 서울대학교출판부, 220-225쪽: 宮岐繁樹, 구천서 옮김, 1987, 「한반도 문제의 새로운 인식」, 온누리, 74-75쪽
12 외무부, 1976, 앞의 책, 참조

연달아 알제리와 기타 나라들이 외국군 철수 결의안 및 UNCURK 해체 결의안을 각기 제출했지만 역시 표결 끝에 모두 부결되었다.[13] 다만 표 차이는 점차 줄어드는 추세였다.

〈표 1〉 UNCURK 해체 결의안 표결 결과(1967-1970)

연도(총회 차수)	표결 월일	찬성	반대	기권	비고
1967(제22차)	11월 7일	24	59	29	
1968(제23차)	12월 16일	27	68	27	
1969(제24차)	11월 18일	30	65	27	
1970(제25차)	11월 24일	32	64	26	

출전: 『동아일보』 1967년 11월 8일; 1968년 12월 17일; 1969년 11월 18일; 1970년 11월 25일

UNCURK는 유엔총회 결의로 창립된 기관이었다. 만약 유엔총회에서 해체 결의안이 가결되면, UNCURK는 해체될 수밖에 없었다. 이는 UNCURK 문제와 유엔군사령부 문제가 제도적인 측면에서 본질적으로 차이가 나는 부분이었다. 유엔사는 유엔 안전보장이사회 결의로 만들어졌기에 유엔총회에서 해체 결의안이 가결되어도 제도적으로는 어떠한 강제력도 미치지 못한다. 다만 국제여론 상 문제가 되고, 안보리에 보내는 권고 정도의 효력만을 지닐 따름이다. 설사 안보리에서 해체가 결의되어도 미국 등 상임이사국들은 비토권을 행사하여 이를 저지할 수 있다. UNCURK 문제는 이처럼 유엔 회원국의 판도 변화에 따라 유엔사 문제에 비해 상대적으로 한국 및 서방 국가의 입장이 제도

13 「UNCURK 관계 참고자료」 1973년 8월 30일 731,91, 6177, 대한민국외교사료관

적 측면에서 취약할 수밖에 없었다.

1950년대와 1960년대를 거쳐 아시아, 아프리카 지역의 많은 국가가 대거 독립하여 유엔의 회원국으로 가입해가고, 이들을 중심으로 비동맹운동이 활성화되었다. 특히 1970년대 초는 유엔 내에서 비동맹운동 그룹(NAM)의 활동이 정점에 이르러 있었다. 유엔의 판도 변화로 미국 등 한국의 우방국들이 한국의 입장을 옹호하는 결의안을 통과시키고, 북한의 입장을 반영한 결의안을 저지하는 작업은 가면 갈수록 힘들어지는 형편이었다. 나아가 1960년대 하반기부터는 UNCURK 내부에도 동요가 발생하여, 문제가 더 심각해졌다.

나. UNCURK 내부의 동요

1966년부터 UNCURK 회원국이었던 칠레와 파키스탄은 활동에 흥미를 잃거나 탈퇴할 움직임을 보였다. 이 무렵부터 7개 회원국 중 5개 회원국만이 UNCURK 활동을 무리 없이 지속하는 상황이었다. 1970년대에 들어 마침내 칠레와 파키스탄은 공식적으로 UNCURK 회원국에서 탈퇴해 버렸다. 나아가 호주 등 다른 회원국들까지 그 활동에 회의적인 태도를 보였다. UNCURK 내부에서도 심각한 위기에 봉착한 것이었다.

칠레는 1949년 7월 남미국가로서는 최초로 한국 정부를 승인했고, 한국전쟁 때 유엔군의 일원으로 참전하였다. 그런데 1964년 칠레 대선에서 중도파 정당인 기독교민주당이 승리하여 집권하였다. 새로운 칠레 정부는 동서 양 진영을 망라하여 모든 나라와 국교를 맺는 정책을 추진했다. 칠레 정부는 1966년 8월 15일 유엔 사무총장에게 UNCURK 회원국 탈퇴를 통보하였다. 이어 미국 정부의 개입으로 한 달 후 탈퇴 통보를 철회하였다. 그러나 그 이후

UNCURK 활동에 소극적인 태도를 보였다. 1970년 9월 칠레 대선에서 좌파 정치집단 연합체인 '인민연합'의 후보 살바도르 아옌데(Salvador Allende)가 승리하여, 사회주의를 표방한 정부가 수립되었다. 아옌데는 1969년 4월 상원위원장 자격으로 평양을 방문한 바 있었다. 아옌데의 집권 직후인 1970년 11월 13일 칠레 정부는 공식적으로 유엔사무총장에게 UNCURK 회원국 탈퇴를 통고하였다. 이에 UNCURK 회원국은 6개국으로 줄어들었다. 같은 달 1970년 11월 칠레는 북한과 영사급 외교관계를 수립하였고, 1972년 6월 양국은 대사급 외교관계의 수립을 발표하였다.[14]

파키스탄은 냉전 초기 친미적이고 친서방적인 국가로 동남아시아조약기구(SEATO) 중동조약기구(CENTO) 가맹국이었다. 그러나 인도-파키스탄 전쟁을 거치면서 점차 비동맹 입장으로 기울어갔다. 파키스탄은 1966년 가을부터 UNCURK 탈퇴 의사를 표명하였으며, 1967년 8월부터 UNCURK 회의에 부분적으로 불참하였고, 1968년부터는 전면 불참하였다. 그러던 중 1971년 3월 동파키스탄이 독립하여 방글라데시를 수립한 뒤, 미국이 방글라데시의 독립을 승인하고, 한국도 1972년 5월 방글라데시를 승인하였다. 그러자 같은 해 1972년 11월 21일 파키스탄은 유엔 사무총장에게 UNCURK 탈퇴를 통보하였다. 한편, 같은 해에 파키스탄은 동남아시아조약기구에서도 탈퇴하였다.[15]

---

14 Camilo Sebastian Aguirre Torrini, 2014, 「칠레와 남북한 간의 관계에 대한 연구: 유엔한국통일부흥위원단에서 칠레 역할과 사퇴문제를 중심으로」, 서울대학교 국제대학원 석사논문

15 앞의 글, 「UNCURK관계 참고자료」 1973년 8월 30일; 「외무부장관이 주아랍에미레트 총영사에게 보낸 전문-파키스탄의 UNCURK 탈퇴설에 대한 연구-」 1972년 6월 20일, 731.91, 5229, 대한민국외교사료관

한국 정부는 칠레와 파키스탄의 UNCURK 탈퇴가 그 활동에 본질적이고 제
도적인 지장을 주지 않을 것이라 생각했다.[16] 그러나 칠레와 파키스탄 두 회원
국의 탈퇴는 남아 있는 회원국들에게도 부정적인 영향을 미쳤다. 예컨대 호주
는 전통적인 대한민국의 우방이자 UNTCOK, UNCOK, UNCURK 등 한국 통
일 문제를 전담하는 3개의 유엔 기구에 모두 회원국으로 참가하던 나라다. 그
런데 1973년 6월 주한 호주 대사는 UNCURK가 조만간 해체 또는 기능 정지
되지 않는다면, 호주로서는 계속 회원국으로 활동하기가 어렵다고 한국 외무
부 관리에게 통보했다.[17] 한편, 1971년 11월 한국 치안국 외사과가 탐문한 바
에 의하면, UNCURK 사무국장 오브즈단은 1972년 이후에는 기구의 유지가
어렵다고 보고, 새로운 기구를 만드는 방안 등을 사무국 내부에서 연구 중이라
했다고 한다.[18]

이처럼 UNCURK 활동은 1970년대 초에 이르러, 조직의 유지 자체가 내부
적으로도 도전받는 상황이었다. 이 점은 한국과 미국 정부가 UNCURK 활동
중지 또는 해체를 고려하게 되는 또 하나의 원인으로 작용하였다.

다. 1968년 '재량상정' 방침으로의 전환

1950년대와 1960년대를 거치면서 아시아 및 중동, 아프리카 나라들이 대
거 독립하여 유엔 회원국으로 등장하고, 이들이 주로 주도하는 비동맹운동이
활성화되자 유엔의 판도는 서서히 바뀌어갔다.

---

16 위의 글, 「외무부장관이 주아랍에미레트 총영사에게 보낸 전문」
17 『외무부 차관과 주한호주대사의 면담록』 1973년 6월 11일, 731.91, 6177, 대한민국외교사료관
18 치안국 외사과, 「언커크 동향보고」, 1971년 11월, 731.91, 4385, 대한민국외교사료관

유엔에서 한반도 문제는 주로 유엔총회에서 토론하였다. 유엔총회는 모든 유엔 회원국이 참여하고, 강대국과 약소국의 구분 없이 동등하게 한 표를 행사하는 구조였다. 따라서 비동맹운동 그룹의 동향은 당연히 심각하게 중요한 변수였다.

연례행사처럼 벌어지는 유엔에서의 한반도 문제 토의에 대비하는 업무는 외무부 방교국(현재 국제기구국)이나 그 산하의 국제연합과, 유엔 옵서버 대표부 차원에서만 진행되는 업무가 아니었다. 외무장관이 자신의 직을 걸고, 외무부의 모든 역량을 총동원해야 하는 문제였다. 유엔총회에서 더 많은 표를 획득하기 위해 아프리카와 중동 등지에 더 많은 공관을 만들고, 외교 사절단을 파견하고, 원조도 해주어야 했다.[19]

1968년 한국 정부는 우방국 미국과 협력하여 유엔 정책에서 중대한 전환을 하였다. 이때까지 UNCURK가 연차보고서를 유엔총회에 제출하면 관련 규칙에 의거하여 정기총회 가의제로 포함되었다. 이를 계기로 한반도 문제가 매년 총회에 상정되어 토의되고, 표 대결로 이어졌다. 그러다가 1968년 12월 한미 양국의 공조 하에 유엔총회 결의를 거쳐 UNCURK 보고서를 필요에 따라 사무총장 또는 총회에 제출할 수 있도록 제도를 변경했다. 보고서를 총회에 제출하면 가의제에 포함되어 한반도 문제가 자동으로 상정되지만, 사무총장에게 제출하면 사무총장이 유엔 회원국에 보고서만 배포하고, 총회에 상정하지 않을 수도 있었다. 당시에는 이를 '재량상정' 방식이라 표현하였다.[20] 유엔에서의 한국 문제 토론은 한국과 미국 등 우방국에게 점점 더 큰 부담이 되었기에 한

---

19 이시영, (조동준 면담), 2015, 『한국외교와 외교관』, 국립외교원 외교안보연구소 외교사연구센터, 41-43쪽

미 양국이 한국 문제 토론을 가급적 회피하는 방향으로 간 것이었다.

반면 공산 측 국가들은 과거에는 유엔이 한반도 문제에 개입한 것 자체를 유엔헌장 위반이라 하면서 여기에 반대했지만, 비동맹 그룹의 활성화 등 유엔의 판도 변화로 말미암아 1970년대 초부터는 유엔총회에서 한반도 문제 토론을 적극적으로 밀어붙였다.

3. 한국과 미국의 UNCURK 문제에 대한 입장과 정책

가. 한국 정부의 UNCURK 고수 정책

1960년대 말 UNCURK 활동이 난관에 봉착하고, 1970년대에 접어들어 미중관계의 개선이 가시화되고, 남북대화도 시작되는 등 한반도 상황도 내외적으로 크게 바뀌었다. 그러나 한국 정부의 UNCURK에 대한 기본적인 정책과 입장은 변함이 없었다. 이 기구가 그대로 유지되는 것을 희망하였다.

한국 정부는 1970년대 초에도 기존의 한국이 유엔과 맺은 특별한 관계와 UNCURK 등 한국 관련 유엔기구들의 존재가 비록 "농도가 낮아졌지만" 국제사회에서 한국에 기본적으로 많은 이익을 주고 있다고 보았다. 예컨대 1971년

---

20 외무부, 1979, 『한국외교 30년』, 195-196쪽. 유엔회원국들은 기본적으로 총회 의제에 자신이 원하는 안건을 상정하기 위해 시도할 수 있는 권한이 있다. 따라서 유엔사무총장이 재량에 따라 UNCURK 보고서를 총회에 제출하지 않아도, 한반도 문제가 의제에 상정될 수는 있다. 공산 측 국가들은 1969년 이후에도 외국군철수안 등의 의제를 유엔총회에 제출했고, 실제 토론이 성사되기도 했다. 이러한 측면에서 오래 동안 유엔업무를 담당해온 외교관 이시영은 '재량상정'이라는 표현은 정확한 것은 아니라고 했다(이시영, 위의 책, 50쪽)

8월 제26차 유엔총회 대책안으로 만들어진 외무부 문건은 한국과 유엔의 관계에 대해 다음과 같이 언급하였다.

> 유엔은 한국에 대하여 다음의 이점을 부여하여 왔음
>
> 가. 주한 유엔군 및 UNCURK의 한국 안보에의 공헌
>
> 　　북괴에 대한 억제력으로서 한국 및 극동 안전에 기여했으며, 따라서 유엔 외교는
> 　　안보 외교의 일환으로 고려되어왔음.
>
> 나. 국제적 지위에 있어서 대북괴 우위성
>
> 　　유엔은 대한민국을 유일 합법 정부로 인정하며 한국의 국제적 지위 확보와 향상
> 　　의 기초를 마련하였으며, 이를 통하여 한국은 북괴를 국제적으로 고립시키는 동
> 　　시 그 우월한 지위를 유지 확장하여 왔음
>
> 다. 유엔의 지속적인 통한 노력
>
> 　　통일에 관한 정부 기본 입장, 즉 유엔 감시 하 남북한 토착인구 비례 총선거 실시
> 　　로 통일된 한국을 실현시킨다는 유엔 통한 원칙을 매년 재확인하여 왔음[21]

유엔군사령부, UNCURK 등 한국 관련 유엔기구가 한국의 안보와 국제적 지위 확보에 매우 유용하게 작용하고 있다는 것이다. 그런데 여기서 한 가지 주목할 것은 한국 정부가 UNCURK를 유엔군사령부와 마찬가지로 한국의 안보에도 매우 중요한 기구로 생각했다는 사실이다. UNCURK는 유엔사와는 달리 제도적 차원에서 직접적인 군사 기능이 있는 기구는 아니었다. 그럼에도 불

---

21 「제26차 유엔총회 한국문제대책 안」 1971년 8월 11일, 731.21, 4370, 대한민국외교사료관, 161쪽

구하고 한국 정부는 UNCURK도 유엔군사령부와 더불어 "북괴에 대한 억제력"을 제공해주어 한국 안보에 공헌하는 기관으로 인식하고 있었다. 여기에는 나름대로 역사적 맥락이 존재하였다.

1970년대 초 미국 관리들이 UNCURK 문제에 대해 토론하는 과정에서 국무부 차관 존슨(U. Alexis Johnson)은 "UNCURK의 전신인 UNCOK는 1950년 한국전쟁이 발발했을 때 우리의 행동에 대한 유엔의 지원을 얻는 데 중요한 요소였다"라는 점을 상기시키며, "한국인들은 이를 기억하고 있고, UNCURK가 그들에게 일정한 안전을 제공해준다고 느끼고 있다"고 했다.[22] 즉, 한국전쟁 때 한국에 주둔해 있던 UNCOK가 북한의 전면 남침을 규탄하고, 안보리가 이 문제에 개입해줄 것을 촉구했던 경험 때문에 한국인들은 UNCURK가 여전히 북한의 침략을 저지하는 데 중요하다고 본다는 것이었다. UNCURK의 안보적 의미는 실제적이고 제도적 차원이라기보다는 심리적이고 상징적인 것이었지만, 아무튼 한국 정부는 1970년대 초에도 이를 매우 중시하였다.

한국 정부가 UNCURK 등 한국 관련 유엔기구를 가급적 논란없이 그대로 유지하기 위해 주로 사용한 정책은 유엔총회에서 한반도 문제에 대한 토론을 회피하거나, 연기시키는 정책이었다. 1968년부터 한미 양국 정부는 '재량상정' 방침을 채택하여 유엔에서 한반도 문제 토론을 회피하는 방향으로 갔다. 나아가 1971년부터는 더 적극적으로 유엔총회에서 관련 절차와 표결을 통해 한반도 문제 토론 연기안을 가결시켜 토론 자체를 유보하고, 연기하는 정책을

---

22 "Minutes of a Senior Review Group Meeting" August 9, 1972, Department of State, 2010, *Foreign Relations of the United States*(이하 '*FRUS*'로 약칭) *1969~1976*, Vol XIX Part1 Korea 1969~1972, Washington DC, United States Government Printing Office. 397쪽

추진하였다. 이에 1971년 제26차 유엔총회와 1972년 제27차 유엔총회에서는 남북대화가 진행 중이니 유엔총회에서 한반도 문제를 둘러싼 동서 양 진영의 대결을 지양하고, 남북대화의 결과를 기다려보자는 명분을 내세워, 한반도 문제 토론 연기안을 관철시키는 데 성공하였다. 이렇게 해서 공산 측이 주장하는 외군 철수안, UNCURK 해체 결의안 등이 총회에 상정되어 토론되는 것 자체를 2년 동안 저지하였던 것이다.

그러나 미국 정부 내에서 UNCURK의 유용성에 대한 회의적인 견해가 대두하고, 미중관계 개선 과정에서 중국이 UNCURK 해체 문제를 미국에 적극적으로 제기하였으며, 유엔총회의 분위기도 점점 표 대결에서 한국과 서방 측의 승리를 완전히 낙관하기 어려운 상황으로 갔다. 이에 1972년 말부터 외무부 내부에서 UNCURK의 기능 정지 등 정책 변경이 고려되기 시작하였다. 그러나 한국 정부는 UNCURK가 해체되는 1973년 초까지도 가능하다면 UNCURK를 변경 없이 그대로 유지한다는 정책을 고수하였다. 한국 정부가 여러 국제적 여건을 보았을 때 UNCURK를 그대로 유지하기는 어렵다고 판단하고, 그 활동 중지를 정책적으로 결정한 것은 1973년 5월, 후일 '6.23 선언'으로 발표된 새로운 외교정책의 전환이 이루어질 때부터였다.

6.23 선언을 발표하면서 한국 정부의 관리들은 UNCURK 문제에 대해 유엔총회에서 결정되는 바를 수용할 것이라고 공표하였다. UNCURK의 개편이냐, 또는 활동 정지냐, 아니면 완전한 해체냐 하는 쟁점에 대해서는 그다지 큰 의미를 부여하지 않았다. 1972년 김용식 장관은 브라운(Winthrop G. Brown) 미국 국무부 부차관보와 나눈 면담에서 UNCURK의 해체도 위험하고, 재조직(개편)도 위험한 것이라면서 결국 해체하는 길로 갈 수밖에 없을 것이라고 이야기

한 바가 있었다.[23] UNCURK의 개편 또는 기능 정지로 가서 이것이 공식적으로 해체되지 않고 그 틀은 유지된다 하더라도 공산 측이 계속 해체를 주장하며 논란을 야기할 것이기 때문에, 한국 정부의 입장에서는 별다른 의미가 없다는 것이었다.

한편, 한국에서는 정치권은 물론 민간 차원에서도 UNCURK의 활동을 중단하거나, 해체하자는 주장은 나오지 않았다. 남북한 유엔 동시 가입 문제에 대해서는 정부가 1973년 6.23 선언을 통해 이러한 정책을 공표하기 전에도 야당 지도자 김대중이 이를 먼저 주장한 바가 있다.[24] 그러나 UNCURK 문제에 대해서 이러한 양상은 나타나지 않았다. 1973년 6.23 선언 발표 무렵 정부가 UNCURK의 해체도 수용할 수 있다고 공개적으로 언급한 이후에도 일부 정치인들은 완전히 이를 해체하기보다는 새롭게 개편하거나, 새로운 한반도 관련 유엔기구를 만들어야 한다고 주장하였다.[25] 그러나 이러한 주장은 사회적으로 큰 관심을 끌지도 논란을 일으키지도 못하였다.

UNCURK는 명목상으로는 한국 정부의 통일정책을 수행하는 데 핵심적인 역할을 해야 될 기관이었고, 국가정통성 논리와도 관련된 상징적 의미가 큰 기관이었다. 이 문제에 대해 정부의 정책과 다른 발언을 한다는 것 자체가 매우 부담스러울 수밖에 없었다. 물론 UNCURK가 남북관계 및 통일정책을 수행하는 데 실질적으로 중요한 역할을 했다면, 그래도 여기에 대해 논란이 발생했을 것이다. 그러나 UNCURK는 상징적으로는 매우 큰 의미가 있지만, 실질적으로

23 「면담록: 외무장관과 브라운 부차관보」 1972년 5월 16일 731.2, 5208, 대한민국외교사료관

24 『동아일보』 1971년 11월 24일

25 『동아일보』 1973년 6월 26일, 7월 19일

중요한 역할을 기대할 수 있는 기관은 아니었다. 전반적으로 한국의 정치권이나 시민사회는 이 기구에 대해 큰 관심을 보이지 않았다. 따라서 UNCURK 해체의 과정에서 내부 정치적인 문제, 또는 시민사회의 여론이 여기에 직접적으로 작용한 바는 거의 없다고 할 수 있다.

나. 미국 정부 내부의 UNCURK 유용성에 대한 재평가

미국 정부 내부에서는 1971년 6월부터 UNCURK를 비롯한 한국 관련 유엔기구의 유용성에 대해 문제를 제기하고, 기존 정책을 재평가하는 움직임이 나타났다. 이 시점은 1971년 7월 초 미국 대통령안보담당특별보좌관 키신저(Henry A. Kissinger)가 베이징을 비밀 방문하여 미중관계 개선이 가시화되기 직전이었고, 남북대화도 아직 시작되지 않았던 때였다. 미국 정부의 일부 관리들은 동아시아와 한반도에 데탕트 분위기가 본격적으로 조성되기 전에도 한국 관련 유엔기구의 유용성에 대해 문제를 제기하고, 정책 재검토의 필요성을 주장하였던 것이다.

이는 물론 미중관계 개선 움직임과 관련이 있었다. 1969년 1월 출범한 미국의 닉슨(Richard Nixon) 행정부는 중국과의 관계 개선을 추구했고, 1971년 무렵이면 중국이 유엔에 가입하는 것도 거의 기정사실화되는 분위기였다. 중국이 유엔에 가입할 경우 공산 측 국가들이 유엔총회에서 외국군 철수안, UNCURK 해체안을 더욱 거세게 몰아붙일 것은 쉽게 예상되었다.

그러나 이러한 외부 환경의 변화만이 요인은 아니었다. 이는 아시아에서 가급적 개입을 축소하는 당시 미국 정부의 정책(닉슨 독트린)과도 밀접한 관련이 있었다. 당시 닉슨 행정부는 아시아지역에서 미국의 직접적인 개입을 감소시키기 위해, 베트남 전쟁을 베트남화(Vietnamization) 하듯이 한반도 문제를 가급적 한국화(Koreanization), 내재화(internalization)하는 정책을 추진하였다.[26] 1970년과 1971년에 거쳐 이루어진 대폭적인 주한미군의 감축 조치는 이러한 정책을 반영한 것이었다. 나아가 당시 미국 정부는 한반도 분단 문제를 국제적인 쟁점으로 만들어 미국이 여기에 직접 개입하여 부담을 지기보다는 가급적 이를 남북한 사이에 해결할 문제로 한국화, 내재화하는 정책을 추진하였다. 특히 미국이 중국과 관계 개선을 추구하는 상황에서 한반도 문제가 국제적 쟁점으로 부각되어, 이것이 양국의 관계 개선에 걸림돌로 작용하는 것을 방지하려 했다. 이러한 맥락에서 닉슨 행정부 출범 이후부터 미국 정부는 한국 정부에 남북대화를 권유하고, 유도하였다.[27]

주한미국대사 포터(William J. Porter)는 1971년 6월 8일 「한국에서의 유엔: 변화를 추구할 시간」이라는 제목의 문서를 작성하여 국무부에 보냈다. 포터는 올해 또는 내년에 중국의 유엔 가입이 기정사실화되고 있다면서, 이는 한국 관련 유엔기구에도 영향을 미칠 것이라고 지적하였다. 따라서 새로운 정책 대안들(policy alternatives)을 연구하고 검토할 필요가 있다고 하였다. 포터는 유엔군사령부와 휴전협정 기구인 군사정전위원회, 중립국감독위원회, UNCURK 등 한국 관련 유엔기구들의 유용성과 문제점을 검토하였다. 그는 UNCURK는 물론이고 유엔군사령부도 한반도 평화 유지에 그리 필수적인 역할을 하는 것은 아니라고 보았다. 주한미군 주둔의 제도적 근거는 어디까지나 '한미상호방위

---

26 홍석률, 2012, 앞의 책, 창비
27 위의 책, 123-125쪽; 우승지, 2004, 「남북화해와 한미동맹관계의 이해, 1969-1973」, 『한국정치외교사논총』 제26집 1호

조약'에 있으므로 유엔사가 사라져도 주한미군의 계속 주둔은 제도적으로 가능하며, 따라서 한국의 안보에 큰 지장은 없다는 것이었다. 포터는 유엔군사령부를 없애고 휴전협정의 유지 책임을 한국군 대표에게 넘기는 것이 궁극적으로 필요한데, 일단 예비적인 조치로서 군사정전위원회 수석대표로 한국군 장성을 임명할 수 있을 것이라고 하였다. 또한, 그는 한국군의 작전통제권도 한국군에 돌려주는 것을 고려해보아야 한다고 하였다.[28]

포터의 제안에 대해 유엔군사령관 등 주한미군 당국자들도 기본적으로 동의를 표하였다. 1971년 6월 14일 유엔군사령관은 합동참모부에 보낸 전문에서 한국에서의 유엔기구의 유용성 문제를 재검토할 필요가 있다는 데 동의한다고 하였다. 군사정전위원회 수석대표로 한국군 장성을 임명하는 것에 대해서도 바람직하다는 견해를 전달하였다.[29] 한편, 이러한 전문이 오간 직후인 1971년 7월 3일 군사정전위원회 유엔군 측 수석대표 로저스(Felix M. Rogers) 장군은 AP통신 기자와의 인터뷰에서 개인적인 견해임을 전제로, 한국군 장성이 군정위 수석대표를 맡는 것이 가능하고, 또한 바람직하다고 공개적으로 거론하였다.[30] 당시 한국 정부도 한국군 장성이 군정위 수석대표를 맡는 문제에 대해서는 전향적으로 검토하였다. 김종필 총리는 로저스의 발언이 나오자 만약 유엔군사령부가 요청한다면 한국 정부는 한국군 장성을 추천하겠다고 했다.[31]

28 "Telegram from the Embassy in Korea to the Department of State", June 8, 1971, POL 1 KOR S-US, Subject-Numeric Files 1970-1973

29 "Telegram from United Nations Commander to Joint Chief of Staff", June 14, 1971, POL 27-14 KOR - UN, Subject-Numeric Files 1970-1973

30 "Telegram from the Embassy in Korea to the Department of State", July 6, 1971, POL 27-14 KOR - UN, Subject-Numeric Files 1970-1973

한국 관련 유엔 기구의 유용성에 대한 문제 제기와 재평가 작업은 미중관계 개선 작업이 본격화된 1971년 가을에 이르면 한국 현지의 미국 관리뿐만이 아니라 워싱턴에서도 실무적 차원에서 진행되었다. 1971년 9월 25일 동아시아태평양 담당차관보 마샬 그린(Marshall Green)은 닉슨 대통령의 중국 방문 작업을 준비하며 작성한 문건에서 중국이 공공연하게 UNCURK를 비판해왔음을 상기시키며, 이 기구의 폐지를 추구하는 것이 유용한 측면이 있다고 하였다. 그러나 그는 구체적인 정책 결정을 위해서는 UNCURK를 포함한 한국 관련 유엔 기구들에 대한 전반적이고 철저한 검토가 필요하다고 했다.[32] 당시 주한미국대사관 같은 현지 실무자들보다는 워싱턴 국무부의 실무자들이 좀 더 신중한 태도를 보였다. 1971년 12월 백악관 국가안보회의 문건에서도 중국과의 협상에서 선택 가능한 행동방침의 하나로 "UNCURK 해체 또는 변경 문제를 bargaining counter로 수용할 수도 있다"라고 보았다.[33] 그러나 이것 역시 명확한 정책 결정이라기보다는 여러 정책 가능성을 검토하고 연구하는 차원에서 나온 말이었다. 정책으로 확정되기 위해서는 대통령과 각 부 장관 등 좀 더 고위층 차원의 결정이 필요한데, 1971년까지는 미국 고위 관리들이 이 문

---

31 "Memorandum from Starr to Wesley Kriebel", August 28, 1971, POL 27-14 KOR—UN, Subject-Numeric Files 1970-1973.

32 "Memorandum for Secretary from Martial Green" September 25, 1971, POL 7 US-Nixon, Subject-Numeric Files 1970-1973

33 "Analytical Summary of NSSM 141 Study: Implication for U.S. Policy of the Participation of the People's Republic of China in Multilateral Diplomacy", December 6, 1971, China-general-November 1971-Feb 26 1972, Box 1035, National Security Council Files, The Records of the Nixon Presidential Materials Project, National Archive at College Park(이하 Nixon, National Security Council Files로 약칭)

제를 심각하게 고려하거나 토론한 흔적은 보이지 않는다.

그러나 이러한 사실들은 UNCURK의 해체가 단순히 중국이 관계 개선 과정에서 미국 측에 요청하고, 미국이 이를 수용함으로써 발생한 것만은 아니었음을 보여준다. 미중관계 개선을 위한 본격적인 협상이 시작되기 전에도 미국 정부 내에서 UNCURK의 유용성에 대한 문제제기와 정책 재검토 작업이 진행되고 있었던 것이다. 미국도 자국의 외교정책을 좀 더 효율화한다는 차원에서, 또한 중국과의 불필요한 갈등을 가급적 회피한다는 측면에서 UNCURK의 유용성을 재평가하고, 그 활동 종결을 고려했던 것이다. 즉, 아시아에서 미국의 개입을 가급적 축소하고, 데탕트라는 새로운 국제적 환경의 조성으로 이제그 효율성을 다하게 되는 냉전의 유산들을 정리한다는 차원에서 UNCURK 및한국 관련 유엔기구들에 대한 정책 변경 논의를 내부적으로 진행하였던 것이다. 이러한 맥락에서 볼 때 UNCURK 문제에 대해서는 미중 관계 개선 협상이본격화되기 전에도 한미 양국 사이에 이미 시각 차이가 나타나고 있었다고 할수 있다.

후술하겠지만 중국이 미국과의 관계 개선 협상에서 UNCURK 해체를 거론했을 때, 미국은 자신들도 내부적으로 이 문제를 이미 검토하고 있다면서, 여기에 타협적이고, 수용적인 태도를 보였다. 또한, 1972년에 접어들어 중국이시한까지 설정하면서, UNCURK 해체 문제를 적극적으로 양국이 처리해야 할현안으로 부각시키자, 미국 정부 수뇌부 차원에서도 UNCURK 및 유엔군사령부 등에 대해 정책 검토가 진행되었다. 미국 정부의 핵심인사들도 UNCURK의유용성에 대해서는 대체로 낮게 평가했다.[34] 그러나 유엔군사령부의 경우 휴전협정 유지 문제, 한국군의 작전통제권 문제 등 현실적으로 중요한 문제와 결부되어 있었기 때문에 여기에는 좀 더 큰 의미와 중요성을 부여하였다. 이에 미국 관리들은 유엔사 문제는 UNCURK 문제와 일단 분리하여 처리하는 방향으로 갔다. 이러한 입장은 UNCURK 문제를 둘러싼 중국 정부와의 협상 과정에서도 그대로 반영되었다.

4. 북한과 중국의 UNCURK 해체 주장

가. 북한의 UNCURK 해체 주장과 외국군 철수론

북한은 UN이 한국 독립 및 통일 문제에 관여하는 것 자체를 유엔헌장 위반이라며 반대해왔다. 한국의 통일은 외세의 간섭 없이 남북 협상에 의해 달성되어야 한다고 주장했고, 유엔이 통일 문제에 개입하는 것도 부당한 외세의 개입이라고 주장하였다. 이러한 맥락에서 북한은 UNCURK 창립 때부터 이 기구의 활동에 반대해왔고, 계속해서 그 해체를 주장하였다. 또한, 북한은 자신의 동맹국을 움직여 1967년부터 매년 유엔총회에서 UNCURK 해체를 요구하는 결의안을 제출해왔고, 이 문제를 유엔총회에서 적극적으로 쟁점화하였다.

그러나 UNCURK의 해체는 북한이 유엔 및 국제무대에서 아주 집중해서 강조했던 핵심 사안은 아니었다. 북한에게 역시 압도적으로 중요한 문제는 한반

---

34 1972년 8월 9일 키신저의 주재 하에 국무부, 국방부, 합동참모부, 미중앙정보부, 국가안보회의 고위 관리들이 참여한 모임에서 국무부 차관 존슨은 UNCURK는 미국에게나 한국에게나 실제로 가치가 없는 기관이라고 발언하였다. "Minutes of a Senior Review Group Meeting" August 9, 1972, *FRUS 1969-1976* Vol XIX, Part 1 Korea, 1969-1972, 390-399쪽

도에서 미군 철수 또는 외국군 철수를 촉구하는 것이었다. 1970년대 초 북한이 정부 차원에서 여러 차례 UNCURK 즉시 해체를 주장하는 성명서를 발표했지만, UNCURK 해체만을 강조하여 성명서를 낸 적은 없었다. 모두 외국군 철수를 일단 촉구하고, 거기에 부수하여 UNCURK도 해체해야 한다고 주장하는 방식이었다.[35] 즉, 북한에게 UNCURK 해체 문제는 한반도에서 외세의 간섭을 배격한다는 것을 명분으로 외국군 철수를 촉구하면서 여기에 부수되어 나오는 주장이었다. 그렇기 때문에 1971년까지 북한의 대외적인 선전 및 외교정책에서 UNCURK 문제에 대한 관심과 비중은 상대적으로 그리 높지는 않았다.

1971년 4월 12일 북한 외무상 허담은 8개 항의 통일 제안을 내놓았다. 허담 8개 항은 1970년대 초 북한의 평화통일 공세에서 매우 비중 있게 취급되고, 후일 닉슨의 베이징 방문 과정에서 발표된 상해공동성명에도 언급되었다. 그러나 허담 8개 항에는 주한미군 철수, 남북한 10만명 이하로 감군 등의 이야기는 있지만 UNCURK 문제는 거론되지 않았다.[36]

1971년 6월 김일성은 평양을 방문한 차우셰스쿠(Nicolae Ceausescu)와의 회담에서 남한의 민주화는 선거로 이루어지지 않을 것이라 하면서 주한미군과 UNCURK가 남한에 머물러 있기 때문이라고 언급하였다. 김일성은 이렇

---

35 북한은 1966년 12월 미군철수 및 UNCURK 해체를 주장하는 외무성 성명을 발표하였고, 1968년 9월에는 정부 차원에서 같은 내용의 성명을 발표하였다. 그리고 1970년 8월 정부 차원에서, 1971년 9월에 정부 및 외무부 차원에서, 1972년 11월에는 정부 차원에서 같은 내용의 성명서를 발표하였다(『로동신문』 1966년 12월 18일, 1968년 9월 22일, 1970년 8월 30일, 1971년 9월 13일 및 29일, 1972년 11월 29일)

36 「최고인민회의 제4기 5차 회의에서 한 허담외무상보고」 1971년 4월 12일, 이한 편, 1988, 『북한의 통일정책 변천사』 하권, 온누리, 361-363쪽

듯 주한미군과 더불어 UNCURK의 존재가 남한 정치에 영향을 미친다고 생각하였다. 그러나 김일성은 차우셰스쿠와의 대화에서 다가올 유엔총회에서 UNCURK를 해체해야 하고, 루마니아가 여기에 적극적으로 협조해달라는 등 구체적으로 이 문제를 거론하지는 않았다.[37] 1971년 12월 소련의 최고 소비에트 의장 라시도프(Rashidov)가 평양을 방문했을 때에도 김일성은 당시 진행되던 남북대화에 대해서는 언급했으나, UNCURK 문제는 거론하지 않았다.[38]

1972년에 접어들면서 북한은 과거에 비해 UNCURK 문제를 더 강조하였다. 이 해부터 북한의 대유엔 활동은 전례 없이 활발해졌다. 공산주의 국가 또는 비동맹 국가의 유엔 외교 관계자들을 평양에 빈번히 초청하였고, 유엔에서의 한반도 문제 토론에 관련된 선전 공세도 강화되었다. 1972년 6월 김일성은 워싱턴포스트 기자 셀리그 해리슨(Selig Harrison)과 인터뷰를 했는데, 여기서도 유엔군사령부 해체, UNCURK 해체를 거론하였다.[39] 그러나 이때에도 UNCURK 문제는 이것만 별도로 이야기된 것은 아니었고, 미군 철수 요구에 부수되어 언급되었다. 북한의 대유엔 활동은 외국군 철수, 유엔군사령부 철폐 등의 문제가 주된 초점이었다.

---

37 "#1, Minutes of Conversation, Kim Il-sung and Nicole Ceausescu" June 10, 1971, James Person ed. 2011, *New Evidence on Inter-Korean Relations 1971-1972*, North Korea International Documentation Project, Woodrow Wilson International Center(이하 '*NEIKR 1971-1972*, NKIDP로 약칭)

38 "Telegram From Hungary Embassy in North Korea to the Ministry of Foreign Affairs" Dec 20, 1971, Christian F. Ostermann and James F. Person ed. 2010, *The Rise and Fall of Detente on the Korean Peninsular 1970-74(Document Reader)*, North Korea International Documentation Project, Woodrow Wilson International Center(이하 *RFDKP 1970-1974*, NKIDP로 약칭)

39 Selig Harrison "Kim Seeks Summit, Korean Troop Cuts" *The Washington Post*, June 26, 1972.

북한은 1970년대 초 과거에 비해 상대적으로 유엔에서 한반도 문제 토론에 매우 적극성을 보였다. 비동맹 국가 등의 진출로 유엔의 판도가 북한에 매우 유리해졌기 때문이었다. 이 무렵 한국과 미국은 유엔에서 한반도 문제 토론을 회피하려고 했고, 1971년과 1972년에는 토론 연기에 성공하였다. 그러나 북한은 대단히 열정적으로 한반도 문제 토론을 밀어붙였다. 소련 중국 등 북한의 우방국들은 표면적으로는 북한의 이러한 노력에 지지를 표명하고 협조하였지만, 실제 북한만큼 적극성을 보이지는 않았다. 소련은 당시 내부적으로 두 개의 한국을 인정해가는 정책이었고, 중국에 비해 남한에 대해서 좀 더 타협적이고, 수용적인 태도를 보여주었다.[40] 중국은 미국과 관계 개선 협상을 전개하고 있었고, 물밑에서 미국과 한반도 문제를 거론하며 일정한 타협과 공조도 하는 형편이었다. 표면적으로는 북한의 주장을 계속 강력하게 지지했지만, 이면에서는 미국과의 협상 분위기를 유지하기 위해 유엔에서 한반도 문제 토론에 북한만큼 적극성을 보이지 않았다. 이러한 양상은 당시 유엔총회에 참여한 남한 기자들의 눈에도 보일 정도였다.[41]

따라서 1970년대 초 유엔에서 한반도 문제 토론을 가장 적극적으로 밀어붙인 주체는 북한이라 할 수 있다. 후일 유고슬라비아 유엔 부대표 코마티나(Miljan Komatina)가 미국 유엔 대표 부시(George H. W. Bush)에게 언질하기를 1972년 제27차 총회에서 한국 문제 상정을 추진한 것은 순전히 북한이 주도

---

40 木宮正史, 2011, 「朴正熙政權の對共産圈外交-1970年代を中心に-」, 『現代韓國朝鮮硏究』 11號, 現代韓國朝鮮學會; 홍석률, 2018, 「데탕트기 한국의 대공산권 정책」, 『한국문화연구』 34호

41 이승헌, 1972, 「국제정치장에서의 남북한외교충돌: IPU와 제27차 유엔 총회결과를 중심으로」, 『정경연구』 10월호

한 것이라고 했다. 코마티나는 북한의 이러한 결정은 한반도의 미래에 관한 미국과 중국의 협상에 대한 북한의 의구심이 작용한 것이라고 했다.[42]

나. 중국의 UNCURK 문제에 대한 입장

중국은 다른 공산주의 국가와 마찬가지로 UNCURK 활동을 반대해왔고, UNCURK 해체를 주장해왔다. 후술하겠지만 중국은 미국과의 관계 개선 과정에서 1971년 10월부터 UNCURK 해체를 미국에 요구하였다. 1972년 2월 닉슨의 중국 방문을 결산하며 발표한 상하이 공동성명 한반도 관련 조항 중에는 "중국은 1971년 4월 12일 조선민주의인민공화국 정부에 의해 제출된 8개 항(허담 8개항; 필자)을 강력히 지지하며 UNCURK의 해체를 주장한다"라는 구절이 있었다.[43] 중국이 상해공동성명에서 한반도 문제를 거론한 것은 이것이 전부였다. UNCURK 해체 문제에 나름대로 중요한 비중을 두었다고 할 수 있다. 중국은 1972년부터 UNCURK 해체를 시한까지 설정하여 미국에 적극적으로 강조하고 촉구하였다.

그러나 중국이 UNCURK 문제를 미국에 강조한 것은 자체의 국가적 이해관계가 여기에 직접 걸려 있기 때문은 아니었다. UNCURK의 기능과 목적을 볼 때 중국이 여기에 특별한 관심과 이해관계를 가질 이유는 별로 없었다. 한반도 관련 유엔 결의는 많고, 다양했는데, 여기에는 중국을 직접 겨냥한 것도 있었다. 대표적으로 한국전쟁 중인 1951년 2월 1일 유엔총회는 중국을 침략자

---

42 "Telegram from the USUN in New York to the Department of State", October 20, 1972. *RFDKP 1970-1974*, NKIDP, 1058쪽 수록

43 "Joint Statement" February. 27, 1972. *FRUS 1969-1976*, Vol. XVII China 1969-1972, 812-816쪽

로 규정하는 결의안을 통과시켰다.[44] 미국 관리들은 중국이 유엔에 가입할 경우 유엔총회에서 이 결의안을 폐기하기 위해 나설 것이라 예상하였지만, 의외로 중국은 이러한 일에 관심을 보이지 않았다.[45] 이러한 상황이었으니 중국이 어떤 상징적인 차원에서라도 자체의 국가적 이해관계를 걸고 UNCURK 해체를 추구할만한 이유는 별로 없었던 것이다. 중국은 사실 1970년대 초까지도 UNCURK 문제에 대해 그다지 특별한 관심을 보이지 않았다.

중국의 정부, 전국인민대표회의(의회), 각종 사회단체, 당 기관지인 『인민일보』 등은 한반도 문제에 대해 종종 성명서나 사설 등을 발표해왔다. 그런데 1950년대와 60년대에 거쳐 이처럼 중국에서 발표된 한반도 관련 성명서나 사설, 연설 등의 제목에 '유엔한국통일부흥위원단'이 직접 거론된 경우는 보이지 않는다. 1973년 11월 UNCURK가 우여곡절 끝에 해체되고, 사실 중국이 여기에 핵심적인 역할을 했지만, 중국 정부나 당, 의회 차원에서는 이 문제에 대한 성명서나 특별한 언급이 나가지 않았다. 다만 『인민일보』 사설에 UNCURK의 해체로 "조선 인민의 통일조국 투쟁에서" 일정한 승리를 거두었다고 언급되었을 따름이었다.[46] 이 사설에서조차도 제목에 유엔한국통일부흥위원단이라는 명칭은 들어가 있지 않았다. 중국이 UNCURK 해체 문제를 미국에 거론한 것

---

44 김학재, 2015, 『판문점체제의 기원』, 후마니타스, 321쪽

45 1975년 10월 21일 키신저는 8차로 베이징을 방문하여 마오저뚱을 만났다. 이 날 마오는 유엔의 중국군 침략자 결의안을 언급하면서 "우리는 침략자라는 모자를 아직도 쓰고 있다. 나는 그것이 어떠한 것도 더할 수 없는 가장 큰 명예라고 생각한다"고 말하였다. 마오는 이 날 키신저에게 명확하게 이 결의안이 취소되기를 바라지 않는다고 했다. "Memorandum of Conversation", October. 21, 1975, *FRUS 1969-1976*, Vol. XVIII China 1973-1976, 796쪽

46 劉金質, 楊淮生 主編, 1994, 『中國對朝鮮和韓國政策文件彙編』 4권, 北京, 社會科學出版社, 1994, 2074-2075쪽

은 기본적으로 자체의 이해관계 때문이라기보다는 북한과 다른 공산주의 국가들, 또한 일부 비동맹 국가들이 1960년대 말부터 UNCURK 해체를 쟁점화했기 때문에 여기에 동조해주는 차원이었다고 할 수 있다.

후술하겠지만 중국은 미국과의 관계 개선 협상 과정에서 주한미군 철수를 비롯한 여러 문제를 거론하였는데, 이 중 미국이 가장 전향적이고 수용적인 반응을 보인 부분이 UNCURK 문제였다. UNCURK는 한국의 통일 문제를 전담하는 유엔기구로서 항상 유엔총회에서 한반도 문제에 관련된 토의를 촉발하는 역할을 해왔다. 당시 중국과 미국은 관계 개선 작업을 진행하고 있었기 때문에, 유엔총회에서 한반도 문제로 동서 양 진영이 연례행사처럼 대결하는 것을 가급적 회피해야 할 충분한 이유가 있었다. 그러나 각자의 동맹국과의 관계 때문에 유엔총회에서 각기 남북한의 입장을 지지하고, 외교 공세도 벌일 수밖에 없었다. 그런데 UNCURK는 이러한 논쟁을 촉발시키는 기구였고, 그 해체 문제에 대해 미국도 타협적인 태도를 보였기 때문에 실제 두 강대국 사이에 공조로 이 문제가 해결될 가능성도 높아보였던 것이다. 중국은 UNCURK 해체를 미국에 적극적으로 요구하여 북한의 여러 요청 중에 하나를 해결함으로써 유엔에서 한반도 문제 토론을 거세게 밀어붙이는 북한의 입장을 어느 정도 무마함과 동시에, 또한 유엔에서 미국과 불필요하게 갈등해야 하는 걸림돌도 하나 제거할 수 있었던 것이다. 중국도 미국과의 관계 개선을 위해서 마찬가지로 한반도 분단 문제를 국제화하기보다는 가급적 남북한 사이의 문제로 한국화, 내재화할 필요가 있었다. UNCURK 해체는 미국과 중국 사이에 이러한 차원의 공조를 실행할 수 있는 가장 적합한 사안이었던 것이다.

1. 1971년 미중 관계 개선 및 남북대화의 시작과 UNCURK 문제

가. 미국과 중국의 관계 개선 협상과 UNCURK 문제

1971년 7월 9일에서 11일 키신저가 처음으로 베이징을 비밀 방문했을 때 저우언라이 총리는 한반도 문제를 예상 밖으로 많이 거론하였다. 그는 이때 주한미군 철수의 필요성, 주한미군 철수 후 일본군이 한반도에 진입해서는 절대 안 된다는 것, 평화협정의 필요성 등을 거론하였다. 그러나 중국 측은 키신저의 첫번째 방문에서는 UNCURK 문제를 언급하지 않았다.[47]

미중 협상에서 UNCURK 문제가 쟁점으로 거론된 것은 1971년 10월 20일부터 26일까지 진행된 키신저의 2차 베이징 방문 때부터였다. 이때 저우언라이는 키신저의 첫 번째 방문 때보다 한반도 문제를 전반적으로 더 많이 거론하였다. 특히 10월 22일에 진행된 회담에서 한반도 문제가 한 시간 넘게 거론되었다. 이날 저우언라이는 한반도 문제를 이야기하며 갑자기 북한이 미국에게 전달하는 다음과 같은 8개 항의 메시지를 구두로 키신저에게 전달하였다.

---

47 홍석률, 2012, 앞의 책, 106-113쪽

그 내용은 다음과 같다.

1항 미군과 유엔군 깃발 아래 일체의 외국 군대는 반드시 남한으로부터 철수해야 한다.

2항 미국은 즉시 남한에 대한 핵무기·유도탄 및 각종 무기의 제공을 중지해야 한다.

3항 미국은 북한에게 동등한 지위를 부여해야 한다.

4항 미·일·한 연합 군사훈련을 중지하고, 한미 혼성 군단을 해산해야 한다.

5항 미국은 일본 군국주의가 다시 등장하는 것을 돕지 않고 일본군이 남한의 미군과 기타 외국 군대를 대체하여 주둔하지 않을 것을 보장해야 한다.

6항 UNCURK를 해산(disband)해야 한다.

7항 미국은 남북한이 직접 협상하는 것을 방해해서는 안 되고, 조선 문제는 조선 인 민이 해결한다.

8항 유엔에서 조선 문제를 논의할 때 조선민주주의인민공화국 대표는 조건 없이 참 가해야 한다.[48]

이 중 유엔 한국 문제 토론과 관련이 있는 항목은 1항, 6항, 8항이라 할 수

---

[48] "Memorandum from Kissinger to Nixon", November. 1971, Department of State, 2006, *Foreign Relations of United States 1969-1976*, Vol. XVII China 1969-1972, Washington DC, United States Government Printing Office, 546쪽. 중국 측 기록에도 북한이 미국에게 전달한 8개항의 구두 메시지가 나온다. 다른 항목은 모두 일치하지만 제3항이 "미국은 조선민주주의인민공화국에 대한 침략과 각종 정탐, 정찰을 중지해야한다"고 되어있다(王泰平 主編, 1999, 『中華人民共和國外交史, 1970-1978』 3卷, 北京, 世界知識出版社, 40쪽). 중국 측 기록은 정부 문서가 아니라 시간이 한참 경과한 후 중국의 외교관계를 정리하는 책에 인용된 기록이고, 반면 미국 측 기록은 최근 공개된 당시 시점에 작성된 정부 문서이다. 또한 8개항의 문맥과, 8개항을 두고 이어지는 대화 내용을 볼 때 미국 측 기록이 정확하다고 판단된다.

있다. 1항은 미군 및 유엔군 철수를 주장한 것이고, 6항은 UNCURK 해산을, 8항은 유엔총회에 남북한대표 동시 초청 문제를 거론한 것이다. 이 시점은 후술하겠지만 1971년 26차 유엔총회에서 한국과 미국의 공조로 한반도 문제 토론을 다음해로 연기하자는 결의안이 이미 통과된 후였다. 그럼에도 불구하고, 1972년 27차 총회를 겨냥했는지, 북한은 유엔에서 한반도 문제 토론을 비중 있게 취급했던 것이다.

이날 이어지는 대화에서 저우언라이는 명확하게 "우리는 UNCURK에 반대한다"라고 언급했다. 이때 키신저는 "우리가 현재 UNCURK에 대해 연구 중인데, 대통령이 여기를 방문하기 전에, 또는 방문했을 때, 임시적인 결과를 당신에게 전달할 수 있을 것이다"라고 답변하였다.[49] 앞서 서술했듯이 당시 실제로 미국 정부 내에는 UNCURK를 비롯한 한국 관련 유엔기구에 대한 내부 검토 작업이 진행 중이었고, 그렇기 때문에 이렇게 답변한 것이었다.

중국이 국제 관례에서 벗어나 미국과의 양자협상 과정에서 갑자기 제3국인 북한의 메시지를 전달한 사실에서 나타나듯, 중국이 미국과의 협상에서 주한미군 철수 등 여러 한반도 관련 의제를 제기한 것은 중국 자체의 이해관계 때문은 아니었다. 주로 북한의 요청을 대신 전달해준 측면이 있었다. 중국이 제기한 여러 한반도 관련 의제 중에 중국이 자체적인 이해관계를 심각하게 걸고 이야기한 것은 일본군이 철수해가는 미군을 대신하여 남한에 진주할 가능성과 한일 군사협력의 강화 조짐을 경계하는 것 정도였다.[50]

---

49 "Memorandum of Conversation; Chou En-lai and Kissinger", October 22, 1971, (4:15-8:28 PM), HAK Visit to PRC MEMOCONS, Box 1035, Nixon, National Security Council Files

50 홍석률, 앞의 책, 108-114쪽, 181-182쪽

나. 남북대화의 시작과 한국 정부의 토의 연기 전략의 관철

1971년 미국 정부 내에서는 유엔사, UNCURK를 비롯한 한국 관련 유엔 기구에 대한 재평가 작업이 진행되고 있었지만, 한국 정부 내부에는 이러한 움직임은 나타나지 않았다. 현재 공개된 한국 외무부 문서에서 이 무렵 유엔사, UNCURK의 유용성에 대해 문제제기를 하거나, 새로운 정책 가능성을 언급하거나, 이들 기구의 현황 및 장래에 대해 새롭게 연구하고 검토한 흔적은 보이지 않는다. 또한 1971년에는 한국 관리들이 미국 정부 내에서 유엔사, UNCURK 문제가 재평가되고 있다는 사실을 인지하고, 이를 미국 관리들에게 탐문한 흔적도 보이지 않는다. 미국 관리들이 UNCURK의 장래 문제가 내부 적으로 재검토되고 있다는 사실을 어렴풋하게나마 한국 관리들에게 시사하기 시작한 것은 1972년 봄에 이르러서였다.

또한, 당시 미국의 닉슨 행정부는 중국과 한반도 문제를 토론한 내용을 한국 정부에 알려주지 않았다. 키신저의 1차 베이징 방문 직후인 1971년 9월 28일 당시 방미 중이었던 외무장관 김용식은 키신저를 만났다. 김용식은 이때 저우언라이가 8월 5일 뉴욕타임즈 부주간 레스톤(James Reston)과 가진 회견에서 주한미군 철수와 한미상호방위조약 폐기를 언급한 것을 지적하며, 키신저에게 한반도 문제가 거론된 것은 아니냐고 질문하였다. 그러자 키신저는 "그러한 주제는 제기되지 않았다"라고 답변하였다. 한미상호방위조약 이야기는 없었지만 주한미군철수에 대해서는 실제 키신저와 저우언라이 사이에 논의가 있었는데, 이를 말해주지 않았던 것이다.[51] 이러한 사정이었기 때문에 한국 정부는 미

---

51 "Memorandum of Conversation" September 28, 1971, *FRUS 1969-1976*, Vol XIX, Part 1 Korea 1969-1972

국과 중국 사이에 UNCURK 등의 문제가 거론되고 있다는 사실도 물론 알기
어려웠다.

1971년 제26차 유엔총회를 준비하면서 한국 정부는 한반도 문제 토론 연기 전략 방침을 수립하고 이를 주도적으로 관철시켰다.[52] 미국을 비롯한 우방국들은 토론 연기 전망에 대해 애초 회의적이었다.[53] 그러나 1971년 8월 말과 9월 초에 거쳐 남북 적십자 파견원 접촉이 시작되어 남북대화가 분단 이후 최초로 성사될 가능성이 뚜렷해지자 분위기가 달라져서 우방국들도 토론 연기에 동의하고, 이를 추진하였다.[54]

매년 유엔총회가 개막되면 가장 먼저 의장단을 선출하고, 운영위원회에서 총회에 상정할 의제를 정리한다. 운영위원회는 유엔총회 본회의 의장과 21인의 부의장, 6개 주요위원회의 의장으로 구성되는데, 의제의 채택과 의제 항목의 배분 및 총회 업무의 조직에 대해 총회에 권고하는 역할을 한다.[55]

1971년 9월 23일 유엔총회 운영위원회에서 영국은 한반도 문제와 관련되어 이미 제출된 결의안 3개(공산 측의 외국군 철수안 및 UNCURK 해체안, 서방 측의 UNCURK 보고서 승인안)에 대한 토론을 1972년 27차 총회로 연기하자고 제안하였다. 이 제안은 운영위원회에서 표결 끝에 찬성 13, 반대 9, 기권 2로 통과되었다. 9월 25일 유엔 총회 본회의에서도 한국 관련 3개 결의안의 토론 연기안에 대한 표

---

52   김용식, 1987, 『희망과 도전』, 동아일보사, 230-243쪽
53   「외무부가 대통령에게 올린 보고」 1971년 8월 16일, 731.21, 4372, 대한민국외교사료관
54   "Telegram from the Department of State to the Embassy in Korea", *FRUS 1969-1976*, Vol XIX Part 1 Korea 1969-1972, 279쪽
55   박재영, 2001, 『유엔회의의 이해』, 법문사, 142-143쪽

결이 각기 3회 진행되었다. 3개의 토론 연기 결의안이 모두 가결되었다.[56]

그렇지만 앞서 서술한 바와 마찬가지로 북한과 중국은 이미 유엔에서 한반도 문제 토의 연기안이 가결된 이후인 1971년 10월에도 UNCURK 해체 등을 주장하며 미국을 압박하였다. 11월 중국 대표 차오관화(喬冠華)는 유엔총회 연설에서 UNCURK 해체 등을 강력히 주장하였다. 그러나 한국 정부의 입장은 변화가 없었다. 1971년 12월에 작성된 다가올 1972년 제27차 유엔총회 대책안에도 UNCURK 및 주한유엔군 존속 유지를 기본 목표로 설정하였다.[57]

요컨대 1971년 말에 이르면 중국이 미국과의 협상에서 UNCURK 해체를 거론했고, 미국 정부 내에서는 그전부터 UNCURK의 해체 또는 변경을 고려해보는 기류가 있었다. 그러나 이러한 사실들은 한국 정부에 알려지지 않았다. UNCURK의 장래 문제에 대한 한미 양국 사이의 의견 교환도 1971년 말까지는 이루어지지 않았다.

2. 1972년 UNCURK 문제에 대한 협상

가. 중국의 UNCURK 연내 해체 주장과 미국의 대응

1972년에도 미국과 중국은 관계 개선 과정에서 한반도 문제를 거론하였다.

---

56 「유엔 한국문제토의연기안 토의과정 및 결과 분석」 1971년 9월 30일, 731.21, 4372, 대한민국 외교사료관

57 방교국 국제연합과, 「1972년 대유엔 외교정책 및 사업계획과 그 실천방안」 1971년 12월 7일, 731.2, 5207, 대한민국외교사료관

역시 중국이 주로 한반도 관련 문제를 의제로 제기하였는데, 1972년에는 중국 측이 여러 한반도 관련 쟁점 중에 UNCURK 문제를 좀 더 강조하고, 부각시켰다. 나아가 시한까지 설정하여 연내에 UNCURK 문제를 해결하자고 미국에 촉구하였다. 반면 미국 정부는 1972년 11월에 닉슨 대통령의 재선 여부를 판가름하는 대통령선거 국면이었기 때문에서, 유엔에서 한반도 문제 토론을 가급적 회피하려 하였다. 1972년 27차 유엔총회 때에도 한반도 문제 토론 연기 전략이 관철되어, 이 문제는 일단 해결 없이 봉합되었다.

1972년 2월 닉슨 미국 대통령이 베이징을 방문했을 때, 주로 저우언라이와 양국의 현안 문제를 토론하였다. 한반도 문제는 2월 23일 열린 회담에서 주로 거론되었다. 주한미군 철수 문제와 일본군의 남한 주둔 가능성 문제가 주로 거론되고, UNCURK 문제도 다음과 같이 거론되었다.

> 저우언라이: UNCURK가 자신의 생명을 마감하는 날이 왔으면 좋겠습니다. 그것은 좋은 일이 될 것입니다.
>
> 키신저: 우리는 이 문제를 검토하고 있습니다, 대통령님.
>
> 닉슨: 당신이 이 문제를 키신저에게 제기했고, 지금 우리가 검토 중입니다.[58]

UNCURK 문제는 상대적으로 아주 짧게 언급되었지만, 상하이 공동성명의 한반도 관련 조항 중에 중국은 UNCURK의 해체 주장을 담았다.[59]

---

58 "Memorandum of Conversation" February 23, 1972, *FRUS 1969-1976*, Vol. XVII China 1969-1972, Washington DC, United States Government Printing Office, 733쪽

59 "Joint Statement" February. 27, 1972. *FRUS 1969-1976*, Vol. XVII China 1969-1972, 812-816쪽

1972년 6월 키신저가 4차로 베이징 방문을 하였다. 6월 22일 키신저와의 회담에서 저우언라이는 또 다시 UNCURK 문제를 거론하며 "우리의 의향은 UNCURK를 올해 안에 폐지(abolish)하는 것입니다"라고 강조하였다. 시한까지 설정하여 이 문제를 양국 사이의 현안 문제로 부각시킨 것이었다. 키신저는 여기에 대해 1972년 11월 대통령선거 전에 한반도 문제로 유엔총회에서 논란이 벌어지면 미국은 여기에 반대할 수밖에 없다고 하면서, 토의를 11월 중순까지 연기하자고 제안하였다. 저우언라이는 "우리는 당신들의 의도를 알게 되어 기쁘오!"라고 말하면서 더 이상 이 문제를 언급하지는 않았다.[60] 키신저가 11월 중순 이후로 토의를 미루자고 한 것은 물론 11월 초에 열리는 미국 대통령선거 때문이었다.

당시 중국은 주한미군 철수 등 여러 한반도 관련 쟁점을 미국에 언급했지만, 언제까지 주한미군을 철수해야 한다는 등 시한을 설정하지는 않았다. 그런데 UNCURK 문제에 대해서는 구체적으로 "올해(1972)"라는 시한을 설정하였다. 이에 미국 정부로서도 이제 UNCURK 문제는 그냥 넘겨버릴 수는 없는 것이 되었다.

키신저는 베이징 방문 직후인 1972년 7월 26일 중국 유엔대사 황화(黃華)를 만나 금번 유엔총회(27차)에서 한반도 문제에 관한 논쟁이 회피될 수 있다면, 다음 총회에서는 UNCURK 해체를 위해 미국이 영향력을 발휘하겠다고 약속하였다. 그러나 8월 4일 황화는 키신저의 제안을 사실상 거부하며, 1972년

---

60 "Memorandum of Conversation", June 22, 1972, *FRUS 1969-1976*, Vol. XVII China 1969-1972, 990쪽.

27차 총회에서 한반도 문제를 토론해야 한다는 입장을 밝혀왔다.[61] 결국 미국과 중국 사이에 한반도 문제 토론 연기에 대한 합의는 이루어지지 않았다.

중국이 미국의 제안에 선뜻 동의하지 못한 것은 북한의 입장 때문이었다. 앞서 언급한 바대로 북한은 27차 유엔총회에서 한반도 문제 토론을 성사시키려고 모든 노력을 경주하였다. 북한이 강경하게 나오는 상황에서 중국은 UNCURK 문제만이라도 해결하기를 희망했던 것이다.

중국이 유엔 한국 문제 토론 연기에 선뜻 동의해주지 않자, 미국 정부도 유엔사, UNCURK 문제에 대해 단순한 연구 검토 차원이 아니라 새로운 정책 선택 또는 결정을 위해 논의하는 단계로 갔다. 구체적인 정책 결정은 국무부 차원이 아니라 미중관계 개선 작업을 직접 주관했던 백악관 차원에서 논의가 필요했고, 실제 이러한 작업이 진행되었다.

1972년 8월 9일 키신저의 주재 하에 국무부, 국방부, 합동참모부, 중앙정보부, 국가안보회의 관리들이 모두 참석한 고위관리 검토 모임이 개최되어 다가올 유엔총회에서 한반도 문제 토론에 어떻게 대처해야 될지를 논의하였다. 그런데 이 회의 한 달 전에 7.4 남북공동성명이 발표되어 남북대화가 획기적으로 진전되었다.

1972년 8월 9일 고위관리 검토 모임에서 미국 관리들은 상황을 점검해보니 7.4 공동성명으로 토의 연기 가능성이 높아졌다고 평가하고, 일단 이를 1차

---

61 "Memorandum of Conversation", July 26, 1972, *FRUS 1969-1976*, Vol. XVII China 1969-1972; "Memorandum of Conversation: Kissinger and Huang Hua" August 4, 1972, Policy Planning Staff, Directors Files(Winston Lord), RG 59, National Archive at College Park(이하 'Winston Lord Files'로 약칭)

적인 정책으로 추진하기로 합의했다. 그러나 혹시 한국 문제 토의가 연기되지 못하고, 진행될 경우를 대비하여, 그 대처 방안에 대해서도 논의했다. 남북한 동시 초청 문제에 대해서는 기존의 조건부 남북한 동시 초청안(스티븐슨안)을 양 진영 모두가 합의 가능한 수준으로 수정하여 제안하는 안에 의견을 모았다. UNCURK 및 유엔부사령부 문제에 대해서는 완전히 결론을 내지 못했고, 국무부가 이 문제에 대한 좀 더 상세한 연구 검토를 제출하기로 했다. 다만 이날 모임에서는 UNCURK는 유엔총회 결의로 만들어졌기에 유엔총회에서 해체가 결의되면 사라질 수밖에 없지만, 유엔사는 안전보장이사회 결의로 만들어진 만큼 설사 유엔총회에서 해체 결의가 채택되어도 법적 효력은 발생하지 않는다는 점, 나아가 설령 안보리에서 해체가 결의된다 하더라도 미국이 원하면 비토권을 행사해 막을 수 있다는 점이 중요하게 거론되었다. 이 모임에서 국무부 차관 존슨은 UNCURK는 미국에게나 한국에게나 실제로 가치가 없는 기관이라고 하였다. 한편, 국무부 한국과장인 레너드(Donald L. Ranard)는 이번 유엔총회에서 토론을 연기할 수 있다면, 내년에는 한국 정부 스스로 이니셔티브를 취해 UNCURK 문제에 대해 무언가 하는 것이 가능할 것이라고 낙관하였다.[62]

제27차 유엔총회가 시작된 직후인 9월 19일 키신저와 황화가 다시 만났는데, 황화는 이번 총회에서 한반도 문제를 토론하기를 원한다는 입장을 다시 확인하였다. 그러자 키신저는 미국도 유연한 태도를 취할 수 있다고 시사하면서, 한반도 문제 토론을 11월 중순 이후에 시작하는 것으로 중국이 약속해 달라고 했다. 황화는 고려하겠다고 수용적인 태도를 보였지만, 확답을 하지는 않았

62 "Minutes of a Senior Review Group Meeting" August 9, 1972, *FRUS 1969-1976* Vol XIX, Part 1 Korea, 1969-1972, 390-399쪽

다.[63] 그러나 이 모임 직후인 9월 22일 유엔총회 운영위원회에서 한반도 관련 의제 토론을 1973년 28차 총회로 연기하는 안이 통과되고, 마침내 토론 연기 전략이 관철되었다. 1972년에도 UNCURK 문제에 대해서는 양국이 합의를 하지 못하고, 그 해결이 유보되었다.

나. 제27차 유엔총회 대책을 둘러싼 한미공조와 UNCURK 문제

한국 정부는 1972년 초부터 27차 유엔총회에서도 연기 전략을 추구한다는 방침을 일찌감치 결정하고 추진했다. 1972년 3월 외무부는 청와대 안보 관련 회의를 준비하며 작성한 문건에서 유엔총회에서 1차적으로 한국 문제 토의 연기 전략를 추구하며, 이를 위한 표결에서 승산이 있다고 자신했다. 또한, 토론이 설사 이루어진다 하더라도 유엔군 주둔 문제, UNCURK 문제 모두 공산 측 결의안을 패배시킬 수 있다고 보고했다. 다만 1971년에 이미 거론된 바지만, 남북한 대표 초청문제에 대해서는 한국측이 융통성을 발휘할 수 있다고 보았다. 초청 문제(절차 문제)에 대해서는 두가지 선택안을 제시했는데, A안은 스티븐슨안보다 조금 완화된 조건을 제시하는 것이었고, B안은 한국이 선제적으로 남북한 동시 초청을 제안한다는 것이었다. 그러나 UNCURK, 유엔사 문제에 대해서는 전혀 다른 가능성이 언급되지 않은 채, 기구들을 그대로 유지하고 사수한다는 것만이 강조되었다.[64]

---

63 "D253, Memorandum of Conversation: Kissinger and Huang Hua" September 19, 1972, *FRUS 1969-1976* Vol. E-13, Documents on China 1969-1972, ('http://history.state.gov/historicaldocuments/frus1969-76ve13')

64 방교국, 「안보조찬회의 자료」 1972년 3월 23일, 731.2, 5207, 대한민국외교사료관

1972년 초 미국 관리들은 한국 정부와 달리 토론 연기를 위한 표결에서 승리한다고 낙관할 수 없고, 그것이 실패할 경우에 대비한 '비상계획'을 마련할 필요가 있다고 강조하였다. 그리고 1972년 3월 경부터 미국 관리들은 한국 관리들에게 이러한 비상계획 중에는 UNCURK 개편 또는 기능의 잠정적 정지 등 '본질 문제'에 대한 검토도 포함되어야 한다고 말하였다. 또한, UNCURK의 장래 문제가 미국 정부 내에서 연구 검토되고 있다는 사실도 한국 관리들에게 시사하였다. 그러나 그 구체적인 내용에 대해서는 함구했다. 이에 한국 정부는 미국 정부 내에서 한국 관련 유엔기구의 효용성과 장래에 대한 연구 검토가 진행되고 있다는 사실을 1972년 봄부터 인지하기 시작했다.[65] 그러나 한국 정부는 일단 토론 연기에 전력을 다하자는 입장이었고, UNCURK 등 본질 문제에 대해서는 내부적으로 이를 고수하는 정책을 유지했다.

1972년 5월 3일 실무자 차원에서 외무부 정순근 방교국장과 주한미국대사관 참사관 피어스(Pierce)가 만났는데, 토의 연기가 관철되지 못했을 경우의 비상계획 문제가 거론되었다. 이날 모임에서는 비상계획에 대해 다소 구체적인 대화가 오갔으며, 다음과 같다.

> 피어스 참사관: 중공은 UNCURK에 대하여 비판적이다. 앞으로 UNCURK를 해체하는 방향으로 총회 분위기가 기운다고 가정하면, 이에 대비하여 몇가지 대안을 생각할 수 있을 것이다. 그 중 하나는 UNCURK 구성국을 바꾸거나 확대하는

---

65 「주유엔 대사가 외무부장관에게 보낸 전문」 1972년 4월 13일, 731.2, 5207; 「외무차관이 외무장관에게 보낸 보고: 장관 방미시 유엔관계 면담자료」 1972년 4월 19일, 731.2, 5207 대한민국외교사료관

것이고, 또 하나는 UNCURK의 mandate를 예컨대 남북한 접촉을 촉진시키는 내용의 것으로 바꾸는 방법이 있다. 다른 하나는 어느 시기까지 UNCURK 기능을 스스로 정지하는 것 등을 생각할 수 있을 것이다. 유엔군 철수 문제는 우선 그것이 안보이사회 책임이므로 금주 총회에서 닥칠 급박한 문제는 아니나, 장차 총회가 한국으로부터의 외군 철수가 한국 국민 자신에 의한 통일 문제 해결을 위하여 바람직하다고 결의한다면 그 영향은 크리라고 본다.

정순근 방교국장: 지금 제기된 문제들을 앞으로 신중히 검토하겠지만 첫 인상으로는 UNCURK를 개편한다 하더라도 김일성은 한국 문제 대한 외부 간여를 반대하므로 이에까지 UNCURK의 기능이 미치지 못한다면 개편의 뜻이 없다. 기능 정지안도 공산 측이 해체안을 가지고 나올 것이므로 이 두 안의 표결에 있어서 자유진영안이 UNCURK의 무익성을 스스로 말하고 있으므로 승산이 적다고 보인다.[66]

이처럼 1972년 봄을 거치면서 한미간에 유엔 대책과 관련하여 UNCURK 개편, 기능 정지 문제까지 거론은 되었지만, 한국 정부의 입장은 이렇듯 UNCURK 개편 및 기능 정지 모두 바람직하지 않다는 입장이었다.

1972년 5월 16일 김용식 장관은 브라운 부차관보와 면담에서 역시 마찬가지로 UNCURK 해체도 위험하고, 재조직도 위험한 것이라고 하면서 결국 해체로 갈 것이라고 했다. 브라운은 UNCURK 재조직이 결국 해체를 초래한다는 말에는 동의를 표하였다.[67]

---

66 「면담요록: 방교국장과 피어스 주한미국대사관 참사관」 1972년 5월 3일, 731.2, 5208, 대한민국외교사료관

당시 한국 정부는 1972년 2월 닉슨과 6월 키신저의 베이징 방문 중 미국과 중국 사이에 오간 협상 내용에 대해서는 여전히 전달받지 못했던 것으로 보인다. 전달받았다면 이를 확인하려 미국 관리들에게 자세히 탐문했을 터인데 현재 공개된 자료에서 이를 보여주는 내용은 없다. 그러나 구체적 내용을 알지는 못했지만 미국과 중국 사이에 UNCURK 문제 등에 대해 협상이 진행되고 있다는 사실 자체를 전혀 눈치 못 챈 것은 아니었다.

1972년 5월 17일 정순근 방교국장은 피어스 참사관과의 대화에서 다음과 같이 질문하였다.

> 미국이 컨틴젠시(contingency) 플랜을 세우고자 하는 의도가 표에 대한 우려 때문인가 불연(不然)이면 미국의 정책 수행상 필요해서인가?

직접적인 언급은 삼가했지만 미국 정부가 단지 표 대결 결과를 우려해 비상계획을 거론하는 것인지, 아니면 미국과 중국의 협상 또는 미국 자체의 정책적 필요성 때문에 거론하는 것인지를 질문한 것이었다. 이 자리에 배석한 국무부 관리 킴볼은 자신들은 한국을 위한 배려 때문에 이 문제를 이야기하는 것이며 "베이징에서 일어난 일이나, 미국 중공 관계의 고려 등과는 아무런 상관이 없음을 밝히고 싶다"라고 답변했다.[68]

한국정부는 비상계획을 마련해야 한다는 미국의 거듭된 요청에도 불구하

---

67 「면담록: 외무장관과 브라운 부차관보」 1972년 5월 16일」 731.2, 5208, 대한민국외교사료관
68 「면담요록: 방교국장과 주한미국대사관 피어스 참사관」 1972년 5월 18일, 731.2, 5208, 대한민국외교사료관

고, 이러한 '비상계획'을 한국 측이 먼저 마련해서 미국과 논의하기보다는 27차 유엔총회에서 한국 문제 토론을 연기시키는 것에 모든 역량을 집중하자는 입장이었다. 이에 미국 측에 비상계획은 토론 연기가 좌절된 이후에도 한 달정도 시간이 있으니, 그 때 생각해도 늦지 않다고 주장했다.

1972년 7월에 마련된 외무부의 「제27차 유엔총회에 대비한 교섭 지침」에는 미국 측이 제기하는 비상계획에 대해 다음과 같이 정리했다.

> 만일 토의 연기가 여의치 못할 경우의 대비책에 대하여는 본부에서 충분히 연구 검토 중이므로 금번 본교섭 시 상대방이 이 문제를 제기하는 경우 상대방의 구체적인 안이 있는지 타진 보고하는 데 그치기 바람[69]

외무부는 이처럼 휘하 관리들에게 미국 등 우방국과의 접촉에서 비상계획에 대해 먼저 거론하지 말고, 상대방의 의견만 타진하여 보고하라고 지침을 내렸다. 이 문건에서는 외무부 본부 차원에서 비상계획에 대해 충분히 연구, 검토하고 있다고 했지만, 현재 공개된 자료에서 이를 직접 보여주거나 시사해주는 문서는 보이지 않는다. 만약 이러한 문제가 좀 더 상부 차원에서 논의, 검토되었다면 박정희 대통령도 미국 관리 또는 UNCURK 위원들과의 만남에서 이러한 문제를 제기하고 논의했을 것이나, 역시 그러한 흔적도 보이지 않는다.[70]

---

69 「제27차 유엔총회에 대비한 본 교섭 지침」 1972년 7월, 731.2, 5209, 대한민국외교사료관, 177쪽

70 "Telegram from the Embassy in Korea to the Department of State" July 7, 1972, *FRUS 1969-1976*, Vol XIX, Part 1 Korea 1969-1972, 371쪽; "Telegram from the Embassy in Korea to the Department of State" August 23, 1972, POL KOR N-KOR S, Subject-Numeric Files 1970-1973

다. 7.4 남북공동성명과 한반도 문제 토의 연기 전략의 관철

1971년 유엔총회에서 한국 문제 토론 연기에 결정적으로 기여한 요소는 남북대화의 시작이었다. 이를 명분으로 토론 연기 전략을 관철시킬 수 있었다. 1972년 여름과 초가을 무렵, 7.4 남북공동성명이 발표되고 역사상 처음으로 서울과 평양의 양측 대표단이 상호 방문하면서 남북대화가 급진전되는 양상을 보였다.

7.4 공동성명으로 남북대화가 활성화되었다는 사실은 토론 연기에 최소한 단기적으로는 유리하게 작용할 수 있었다. 그러나 장기적으로 보면 남북한이 서로 실체를 인정하는 방향으로 가는 상황에서, UNCURK 등 한국 관련 유엔 기구들은 냉전과 한국전쟁의 낡은 유물로 보일 가능성도 더 커져갈 수밖에 없었다. 그러나 당시 미국 정부도 미국 대선 등의 문제로 토론 연기를 선호하였기 때문에, 7.4 공동성명이 일단 미칠 단기적 효과에 더 주목하고, 기대할 수밖에 없었다. 1972년 7월 12일 키신저에게 보낸 비망록에서 국무부는 7.4 공동성명이 토론 연기에 도움을 줄 것이고, 특히 공동성명에서 "자주적으로 통일하겠다"라고 한 부분이 토론 연기의 명분을 제공해줄 것이라 하였다.[71]

7.4 공동성명의 통일 3원칙 중 '자주'라는 부분은 일반적으로 주체사상과 외세의 간섭 없는 통일을 주장하는 북한의 입장이 반영된 것으로 이야기되고 있다. 그러나 '자주'라는 원칙의 표명은 남한과 미국도 수용하고, 환영할만한 이유가 확실히 있었다. 남북이 자주적으로 통일 문제를 논의하고 있으니, 유엔에서 그 결과를 기다려보자는 논리로 토론 연기 전략을 관철시키는 데 유리했

---

71 "Memorandum for Kissinger" 1972년 7월 12일, *RFDKP 1970-1974*, NKIDP 874쪽

던 것이다.

1972년 9월 27차 유엔총회가 다가오자 북한의 입장을 지지하는 국가들은 분주하게 움직이기 시작하였다. 9월 15일 알제리를 대표로하여 비동맹 및 공산 측 28개국은 '독립적이고 평화적인 한국의 통일을 촉진하기 위한 우호적인 조건을 창출하기 위하여'라는 제목의 새로운 결의안을 유엔사무총장에게 제출하였다(알제리 결의안). 결의안의 중요 내용은 다음과 같았다.

1. UNCURK 활동을 정지(suspension)할 것을 결정한다.
2. 남한에 주둔한 외국 군대에 부여한 유엔기의 사용권을 폐기할 것을 고려한다.
3. 남북한 양측은 평화협정 체결, 군비 축소 및 가장 가까운 시일 내에 국가의 자주 평화적 재통일의 달성을 위하여 이미 시작된 정치 협상을 성공적으로 추구할 것을 희망한다.
4. 한국에서의 영구적 평화의 달성과 자주·평화적 재통일을 촉진하기 위한 기본적인 조치를 취할 수 있도록 남한에 주둔한 모든 외국 군대를 철수할 것을 고려한다.
5. 세계의 모든 국가에 대하여 한국에서의 군사적 개입 및 한국 내정에 대하여 어떠한 형태든 간섭을 하지 않을 것을 촉구한다.[72]

알제리 결의안은 비동맹 국가들 다수가 제안자로 참여하고, 데탕트 분위기에 맞추어 내용과 용어도 좀 더 타협적이고 설득력이 있는 방향으로 작성된 것이 특징이었다. UNCURK의 해체보다는 중지를 이야기했고, 유엔군사령부

---

[72] "Letter from the Representatives of Algeria and Others to the United Nations Addressed to Secretary General(A/8752/Add.9)" September 15, 1972(외무부, 1976, 앞의 책, 411쪽)

폐지와 외국군 철수 주장이 한반도의 안보를 위협할 수 있다는 우려를 의식해 외국군철수 문제에 대해서 어조를 완화하였다. 유엔사를 직접 언급하기보다는 유엔기 사용 문제를 쟁점으로 삼아, 은연중에 '유엔군'의 존재 자체가 시대착오적이라는 인상을 주는 효과를 노렸던 것이다.

1972년 8월과 9월에 걸쳐 남북 적십자 대표단이 서울과 평양을 번갈아 방문하는 등 남북대화가 급진전되자 토론 연기의 전망은 확실히 더 밝아졌다. 다소 회의적인 태도를 보였던 미국 정부도 7월 말부터는 한반도 문제 토론 연기 방침을 지지하겠다고 한국 정부에 전해왔다.[73] 앞서 언급한 바대로 8월 초 미국 고위관리들의 검토 모임에서도 1차적으로 토론 연기를 추진하기로 합의를 보았다.

1972년 9월 27차 유엔총회가 개막되고, 의장단이 구상됨과 동시에 의제 채택을 다루는 운영위원회도 구성되었다. 9월 21일 운영위원회는 서방 측이 제안한 한국 문제 일괄토의 연기안을 찬성 16, 반대 7, 기권 1로 채택하였다. 9월 23일 총회 본회의에서도 일괄토의 연기안이 찬성 70, 반대 35, 기권 21, 결석 6(회원국 132)으로 가결되었다.[74] 이렇게 해서 한미 정부 모두 1년의 시간을 더 벌 수 있었다.

1972년 12월 경부터는 한국 외무부 내부에서도 UNCURK의 장래 문제에 대해 유연성을 발휘할 수 있다는 견해가 나타나기 시작하였다. 1972년 12월

73 주한미국대사관 피터스 참사는 외무부 방교국장에게 미국 국무부가 1972년 7월 31일 유엔 한국 문제 토론 연기를 지지하도록 훈령을 내렸다고 알려왔다. 「면담요록: 방교국장 및 피터스 참사관」 1972년 8월 1일, 731.2, 5211, 대한민국외교사료관

74 국회도서관입법조사국, 『유엔의 한국문제처리 및 표결상황(1947-1972)』, 대한민국국회도서관, 1973, 22쪽, 27쪽: 외무부, 『한국외교30년』, 대한민국 외무부, 1979, 198쪽

16일 외무부 방교국 국제연합과는 「1973년도 대유엔정책 및 사업계획과 건의사항」을 작성하였다. 여기서는 UNCURK 문제에 대해 다음과 같이 서술했다.

> UNCURK의 경우 아국 이니시아티브에 의한 것이라면 그 존속 문제에 관한 정책 변경을 시도할 여지가 있을 것이다.[75]

이 문서는 UNCURK 정책 변경에 대한 '세부대책'으로 1) UNCURK 기능 정지, 2) UNCURK 사무국의 유엔본부 이관, 3) 유엔사무총장의 거중조정(good office) 요청을 방법으로 공산 측과 타협을 시도하는 것 등의 안을 제시하였다. 이처럼 UNCURK를 확대하거나, 개편하는 방안은 대안으로 거론되지 않았다.

한국 외무부 내부에서도 늦어도 1972년 12월경부터는 28차 총회를 준비하며 UNCURK의 활동 중지 등 정책 변경 가능성이 거론되기 시작하였던 것이다. 당시 한국 정부의 입장은 UNCURK가 공식적으로 해체되기보다는 그 기능이 실질적으로 정지되는 것을 선호했다. 공식 해체는 유엔에서 UNCURK의 과거 활동에 대한 비난과 논란을 불러일으킬 수 있고, 이것이 애초부터 정당성이 없는 기구로 보일 가능성도 있었다. 때문에 기능 정지를 선호했던 것이다.

또한, 이 문서에는 주한유엔군 문제에 대해서는 1) 주한미군 철수의 구실을 주거나 촉진할 우려가 있고, 2) 휴전협정 대체 문제가 발생하며, 3) 유엔총회가 아닌 안보리 소관 사항이라는 점을 들어 제28차 총회에서는 주한 유엔군을

---

75 방교국 국제연합과, 「1973년도 대유엔정책 및 사업계획과 건의사항」 1972년 12월 16일, 731.21, 6142, 대한민국외교사료관

그대로 유지하기 위해 노력한다고 했다. 그러나 장기적인 측면에서는 이 문제에 대해서도 타협할 가능성을 열어두었다.[76]

이처럼 1971년과 1972년 토론 연기 전략이 연달아 관철되면서 한미 양국은 시간을 확보하고, UNCURK, 유엔사의 장래 문제에 대해서도 점차 양국의 의견이 접근해 가는 양상을 보였다. 그러나 UNCURK, 유엔사 문제에 대한 한미 양국의 정책은 여전히 차이가 있었다. 미국은 중국과의 협상과는 별도로 이미 1971년 초부터 UNCURK의 유용성에 대해 회의적이었고, 이미 중국에 1972년 한 해만 연기를 해주면 다음해에는 UNCURK를 문제를 해결했다고 언질을 준 상태였다. 반면 한국 정부는 UNCURK의 상징성이 매우 크기 때문에 가능한 한 그 명맥을 유지하려 했다.

3. 1973년 UNCURK의 해체

가. UNCURK 폐지에 대한 미중 협상의 전개

1973년 2월 15일 키신저는 5차로 베이징을 방문하였다. 키신저의 방중 직전인 2월 9일 북한의 허담 외상이 베이징을 방문하였는데, 한미 정부 모두 이를 키신저의 베이징 방문 중에 있을 한국 문제 토론에 대비하기 위한 의도라

---

76 위의 문서. 15쪽. 이 문건에서 유엔사 문제는 "다만 장기적으로 한미 공동 방위 체제, 주한 미군 철수 문제 등 한미간 arrangement와 남북대화의 진도에 따라 사실상 주한미군이 주축을 이루고 있는 주한 유엔군의 상징적인 의의조차 소멸되는 시기에는 주한유엔군 해체 고려할 필요가 생길 것임"이라고 서술되어 있었다.

고 파악하였다.[77] 중국 측 기록에 의하면 허담은 중국 측에 북미 접촉의 가능성을 타진해달라고 부탁하였다고 한다.[78]

저우언라이는 키신저의 방문이 마감될 무렵인 2월 18일 회담에서 한반도 문제를 거론했다. UNCURK 문제가 첫 번째로 거론되었고, 두 번째로는 미국의 점진적 주한미군 철수 방침을 재확인하며 일본군이 절대로 남한에 진주하는 일은 없어야 한다고 강조하였다. 주한미군 철수 문제를 거론하기는 했지만 유엔군사령부 해체에 대해서는 거의 강조하지 않았다. 평화협정 문제도 언급이 없었고, 북한이 부탁한 북미 접촉에 대한 제안도 미국 측이 정리한 대담비망록에는 나오지 않는다.[79] 키신저는 미국으로 귀환한 후 닉슨 대통령에게 방문 결과를 보고하며, 1972년에 남북대화가 크게 진전되었기 때문에 중국 측이 한반도 문제를 중대한 주제로 다룰 것으로 예상했지만 의외로 중국이 방문 마지막 부분에 짧게 한반도 문제를 언급했다고 평가하였다.[80] 중국이 예상과는 달리 한반도 문제를 짧게 언급하면서도 주로 UNCURK 문제를 중점적으로 이야기한 것이다.

1973년 2월 18일 회담에서 UNCURK 문제에 대해 저우언라이와 키신저 사이에 오간 대화의 내용은 다음과 같다.

77 「주미대사가 외무장관에게 보낸 전문」 1973. 2월 14일; 「중공 정세주간보고서」 1973년 2월 22일, 725.1CP, 5981, , 대한민국외교사료관

78 王泰平 主編, 앞의 책, 41쪽

79 "Memorandum of Conversation; Chou En-lai and Kissinger" February 18, 1973, Department of State, 2007, *Foreign Relations of United States 1969-1976*(이하 'FRUS 1969-1976'으로 약칭), Vol. XVIII China 1973-1976, Washington DC, United States Government Printing Office, 168-171쪽

80 "Memo from HAK to President" March. 2, 1973, Box 374, Winston Lord Files

저우언라이: 한국 문제에 대해 당신이 이미 재작년과 작년에 아마도 올해에 UNCURK를 폐지(abolish)할 것이라 했습니다. 어떻게 이 문제를 생각하고 계십니까?

키신저: 우리는 올해 하반기에 UNCURK를 폐지할 수 있다고 생각합니다. 우리는 우선 남한 측이 이를 제안할 수 있는지 알아보기 위해 접촉할 것입니다. 만약 남한이 할 수 없다면, 다른 멤버들과 이야기할 것입니다.

저우언라이: 좋소, 만약 남한 사람들이 그러할 수 있다면 최고로 좋을 것입니다.

키신저: 그것이 우리가 지금 달성하고자 하는 바입니다.

저우언라이: 당신이 그 약속을 우리에게 해줄 수 있다면 우리는 이 문제가 너무 첨예해지지 않도록 최선을 다할 것입니다.

키신저: 나는 거의 확신합니다. 몇 주 후에 내가 이를 확인해주겠습니다. 그 정도 시간이 필요합니다.

탕(Tang, 통역자): 그 정도의 시간이라는 것이 무슨 의미입니까?

키신저: 내가 당신에게 명확하게 알려주기 위해 그 정도의 시간이 필요하다는 이야기입니다. 나는 우리가 이것을 할 수 있으리라 거의 확신합니다. 나는 예상하지 못했던 복잡한 문제가 있는지를 점검해 보기를 원하지만 거의 확신합니다. 말하자면, 3월 중순 경에 우리가 이 문제에 대해 확인해주도록 하겠습니다. 나는 대통령도 여기에 동의해줄 것이라 생각합니다. 이것을 어떻게 달성할 것인지 절차에 대해서도 연구해보아야 합니다.

저우언라이: 좋소

키신저: 나는 우리가 이것을 할 수 있다고 거의 확신합니다.

(중략, 주한미군의 점진적 철수 및 일본군 문제 등을 논의; 필자)

키신저: 총리께서 UNCURK가 올해 해체될 수 있다면 우리가 어려움을 피할 수 있다고 말씀하셨는데, 유엔에서 논쟁을 피할 수 있다는 이야기입니까?

저우언라이: 예(yes)!

키신저: 그러한 바탕 위에서, 나는 우리가 이것을 할 수 있다고 생각합니다.

저우언라이: 그리고 만약 남한이 자신이 통치하는 나라의 부분을 잘 관리할 수 있다면, UNCURK의 폐지가 그들의 자신감을 손상하지 않을 것이라는 점을 이해하도록 만들어야 합니다. 두 개의 한국이 통일될 수 있는 하나의 분야가 있는데 그것은 스포츠지요. 그들은 스포츠에 상당히 강합니다. 올림픽에 연합팀을 보낼 수 있을 것입니다. 그렇게 함으로써 인민의 통합에 대한 열망을 보여주어야 합니다.

키신저: 축구 말이지요. 총리님, 정치적 대화에 대해 우리는 그들을 강하게 촉구하고 있습니다. 남한 사람들은 우리에게 북한이 장애물이라고 말하는데, 남한이 장애가 되고 있다면 우리에게 말씀해주십시오. 아마도 약간의 정보를 교환할 수 있을 것입니다. 만약 어려움을 창출하는 구체적인 쟁점에 대해 우리에게 말해준다면, 어디에 우리의 영향력을 사용해야 할지를 알게 될 것입니다.[81]

키신저는 이처럼 미국이 남한의 동의를 얻어 1973년 제28차 유엔총회에서 UNCURK를 종결할 수 있을 것이며, 3월 중순까지 확실한 답변을 주겠다고 약속하였다. 다만 그는 유엔총회에서 양측이 이 문제로 논쟁을 벌이는 것을 피해

---

81 앞의 글, "Memorandum of Conversation; Chou En-lai and Kissinger" February 18, 1973, 169-174쪽

야 한다고 강조하며, 이를 전제로 UNCURK의 폐지를 약속했고, 저우언라이도 여기에 협조할 뜻을 내비쳤다.

미국 정부 내부에서 검토 작업을 거친 후 1973년 3월 17일 미국 측은 유엔주재 중국대표부를 통해 중국이 한반도 문제를 유엔총회 의제로 상정하지 않는다면, UNCURK 회의의 무기한 연기(sine die) 방식으로 UNCURK 활동을 실질적으로 종결할 수 있다는 제안을 보냈다. 그러나 같은 해 4월 4일 중국 측은 한반도 문제가 제28차 총회 의제로 상정되어야 하며, 키신저가 작년부터 UNCURK 해제를 약속했고, 1973년 2월 베이징 방문 과정에서도 UNCURK 폐지를 이야기했는데, 왜 약속을 지키지 않느냐며 항의하는 문서를 보내왔다.[82]

미국 정부는 다시 난감한 고민에 빠졌다. 후술하겠지만 한국 정부와 이때까지 UNCURK 문제를 비롯한 28차 유엔총회 대책에 완전히 합의를 보지 못한 상태였다. 뿐만 아니라 중국 측이 이번에는 한반도 문제 토의 자체를 연기하는 것은 절대 안 된다고 한 것도 문제였다. 토론이 시작되면 UNCURK가 조용하게 활동 정지 또는 해체되는 것도 어려워지기 때문이었다.

1972년 4월 9일 국무부 차관 러시(Kenneth Rush)와 키신저는 전화 통화를 통해, 1단계로 UNCURK가 스스로 회의의 무기 연기를 결의하고, 2단계로 유엔총회에서 UNCURK의 폐지(abolish)를 결의하되 중국 측이 한반도 문제에 대해 일반적인 논쟁을 하지 않을 것을 약속하는 방안을 구상하였다. 중국 측의 입장을 수용하여 유엔총회에 한반도 문제를 상정하되, UNCURK 폐지 결의안만 채택하고 다른 논쟁은 하지 않도록 중국 측의 약속을 받자는 것이었다. 1973년

---

82 "Memorandum from Hwang Hua to Kissinger" April 4, 1973, Box 329, Winston Lord Files

4월 16일 키신저는 중국 유엔대표부 대사 황화를 만나 이러한 내용으로 제안하였다. 이날 황화는 한국 문제 토의를 연기하는 것은 좋지 않다고 하면서 더 이상 할 말이 없다고 하였다.[83] 이처럼 미국과 중국의 UNCURK 문제에 대한 협상은 쉽게 합의점에 도달하지 못하였다.

그러던 중 1973년 5월 25일 한국 정부는 후일 '6.23 선언'으로 발표되는 한국 외교정책의 획기적인 정책 변경 내용을 미국에 전달하였다. 여기에는 UNCURK의 활동 중단을 한국 정부가 반대하지 않겠다는 내용도 있었다. 키신저는 한국 정부의 정책 변경 내용의 골자를 일단 1973년 5월 27일 황화와의 만남을 통해 언질을 주고, 곧 미국 정부가 UNCURK 문제에 관해 공식적인 제안을 할 것이라고 알렸다.[84]

국무부 차관 러시는 1973년 5월 26일 진행된 미국 고위관리들의 토론을 바탕으로 5월 29일 UNCURK 및 유엔사 문제에 대한 구체적인 처리 방안을 담은 문서를 작성하여 키신저에게 보냈다. 이 문서에서는 UNCURK 해체 방식 중 가장 좋은 것은 한국 정부가 유엔총장에게 서한을 보내 UNCURK의 기능이 남북대화 등을 볼 때 더 이상 필요하지 않다고 하면서 이 기구의 활동 중단을 주도적으로 제안하는 것이라 하였다. 또한 UNCURK는 레버리지를 발휘하기 힘들지만, 유엔사 문제는 안보리 소관이라 미국 측이 레버리지를 발휘할 수 있으므로, 두 문제는 원칙적으로 분리해야 한다고 했다. 즉 UNCURK는 그

---

83 "D236: Memorandum of Telephone conversation, Deputy Secretary Rush & Kissinger", April 9, 1973, *FRUS 1969-1976* Vol. E-13; "Memorandum from Hwang Hua to Kissinger" April 4, 1973, CE, Box 329, Winston Lord Files

84 "Memorandum of Conversation, Kissinger and Huang Hua" May 27, 1973, CE Box328, Winston Lord Files

냥 해체할 수도 있지만, 유엔사는 공산 측으로부터 상응하는 대가를 받아내야 해체할 수 있다는 것이었다. 또한, 한국 정부가 UNCURK 활동 중지까지는 이미 수용할 태도를 보였지만 해체까지도 수용할지가 문제인데, UNCURK 회원국이 연달아 이탈하는 상황에서 한국 측도 해체를 수용할 것이라고 낙관하였다.[85]

마침내 1973년 6월 19일 키신저는 워싱턴에서 중국 연락사무소장 황첸(黃鎭)을 만나 미국이 한국 정부에 다음과 같은 정책을 권고하고 있다는 메시지를 문서로 전달하였다.

- 제28차 유엔총회에서 한반도 문제 토론을 막으려고 시도하지 않는다.
- UNCURK의 종결(termination) 또는 기능 중단(suspension)을 추구하되 이러한 작업은 UNCURK의 과거 활동에 대한 편견 없이 진행되어야 한다.
- 제28차 유엔총회 이후에 유엔군사령부 문제를 논의해 볼 수 있다.
- 중국이 남한과 접촉한다면 미국도 북한과 접촉할 준비가 되어 있다.
- 미국은 남북대화에서 남한이 군사·정치 문제에 대한 타협적인 해법을 찾을 수 있도록 지지하고 격려할 것이다.[86]

키신저는 이같은 메시지를 전달하며 황화에게 구두로 명확히 미국 정부가

---

85 "Memorandum from Rush to Kissinger" May 29, 1973, POL 32-4, Subject-Numeric Files 1970-1973

86 "Memorandum of Conversation, Kissinger and Huang Chen", June 19, 1973 CE, Box 328, Winston Lord Files

1973년에는 UNCURK를 종결할 수 있고, 1974년에는 유엔사 문제를 해결할 의사가 있다고 전하였다. 황화는 이러한 제안에 대해 어떤 의견 표명을 하지는 않았다. 그러나 미국의 제안은 28차 총회에서 한반도 문제를 토론한다는 점, UNCURK의 종결을 이야기한 점에서 중국 측의 주장을 사실상 대부분 수용한 것이었다. 다만 UNCURK 문제와 유엔사 문제를 분리하여 단계적으로 해결할 것을 명시적으로 언급한 것이 특징이다. 한편, 유엔총회 개막을 바로 앞둔 시점인 1973년 8월 22일 미국 정부는 중국 정부에 문서(Note)를 보내 UNCURK가 총회에 제출하는 보고서에 조직의 자진 해제(dissolution)를 건의할 것임을 알리고, 28차 유엔총회가 종결되면 그 이후에 유엔군사령부 문제를 협의하겠다고 약속하였다.[87]

중국 측은 이러한 단계적 해결안에 대해서는 명확하게 동의하지는 않았지만, 반박하지도 않았다. 사실상 큰 틀에서는 유엔총회 직전에 미중 사이에는 암묵적 합의가 이루어졌다고 할 수 있었다. 그러나 UNCURK 해체를 어떻게 큰 논란 없이 처리할 수 있는지, 그 구체적인 방식에 대해서는 유엔총회에서 한반도 문제가 토론되던 1973년 11월 미국과 중국을 주축으로 한 다차원적인 비공식 협상이 또한 필요하였다.

나. UNCURK 해체를 둘러싼 한미 공조

한국 정부는 1973년 초에도 여전히 토론 연기 전략을 추구하면서 UNCURK 문제에 대한 구체적 대안을 두고 미국 측과 협상을 벌이는 것을 기피하였다.

---

87 "Note from the Government of the United States to the Government of the People's Republic of China" August 22, 1973, *FRUS 1969-1976*, Vol. XVIII China 1973-1976, 319쪽

1973년 2월 24일 김용식 외무장관은 미국을 방문하여 키신저를 만났다. 키신저가 베이징 방문하여 저우언라이에게 연내 UNCURK 폐지가 가능할 것이라고 언급하고, 돌아온 직후였다. 키신저는 김장관을 만나자마자 UNCURK에 대한 한국 정부의 견해를 물었다. 김장관은 그 기능이 줄어들기는 했지만, UNCURK 조직은 반드시 지켜져야 한다고 답변하였다. 그리고 키신저에게 그의 베이징 방문 기간 중 중국 측이 한국 문제에 대해 무어라고 이야기했는지를 물었다. 키신저는 "남북대화를 선호한다는 것 외에 다른 이야기는 없었다"면서, 중국과 UNCURK 문제를 논의한 사실을 이야기해주지 않았다. UNCURK 문제에 대한 두 사람의 대화는 더 이상 이어지지 않았고, 키신저는 왜 한국 정부가 연방제를 선호하지 않느냐고 질문하여 김장관을 당황스럽게 했다.[88]

1973년 2월 김용식 장관과 키신저의 모임은 정말 안타까운 측면이 있다. 만약 김장관이 키신저에게 UNCURK 문제에 대해 좀 더 전향적인 발언을 했거나 구체적인 정책안을 제시했다면, 이 문제에 대해 더 많은 대화가 있었을 것이고, 그렇다면 미중 사이에 거론된 내용도 간접적으로나마 한국 정부가 더 알게 될 가능성도 높아졌을 것이다.

당시 미국 정부는 한국 정부가 UNCURK 문제를 주도적으로 제기하고, 나아가 남북대화에서도 북한과 이 문제를 논의해서 해결해주기를 희망하였다. 저우언라이도 이 방식이 가장 바람직하다고 하였다. 그러나 한국 정부는 끝내 UNCURK 문제를 주도적으로 제안하기보다는 "UNCURK 문제에 대한 유엔총회 결정에 반대하지 않겠다"라는 정도의 입장으로 일관하였다.

---

88 "D232: Memorandum of Conversation, Kissinger and Kim Yong Sik" February 24, 1973, *FRUS 1969-1976*, Vol. E-13

한국 정부는 1973년 5월 하순 후일 '6.23 선언'으로 발표되는 내용의 중대한 외교정책의 변경을 결정하였다. 이러한 정책 변경에 결정적 계기로 작용한 것은 북한의 WHO(세계보건기구) 가입이었다. 1973년 5월 16일 북한은 표결 끝에 WHO에 가입하는 데 성공하였다. WHO는 유엔 산하 기구이기 때문에 북한은 동 기구에 가입하면서 유엔 본부에 옵저버 대표부를 설치할 수 있었다. 이는 북한 외교관들이 뉴욕에 와서 둥지를 틀고 활동할 수 있다는 것을 의미했다. 또한 WHO 표결 결과는 유엔 한반도 문제 토론과 표결도 한국 정부의 예상과는 달리 장담할 수 없다는 것을 명확하게 보여주었다. 한국 정부로서는 더 이상 구체적인 정책 결정을 미룰 수 없는 상황에 봉착했던 것이다.

외교정책의 중대 전환은 외무부 차원에서 기획된 것이라기보다는 박정희 대통령을 포함한 한국 정부의 핵심인사들이 모여서 결정한 것이다. 한국 정부 수뇌부는 애초 1973년 5월 중순 WHO 회의에서 북한의 가입을 저지한 다음 외교정책 변경을 공포할 생각이었다. 이에 5월 초부터 청와대에서 박정희 대통령의 주재 하에 김종필 총리, 정일권 국회의장, 최규하 대통령 외교정책 보좌관 등이 모여 중대한 외교정책의 변경 문제를 논의하였다. 주한미국대사 하비브(Philip Habib)는 5월 초부터 박대통령을 제외한 3명과 각기 접촉하여 그 내용을 탐문하였고, 후일 국무부에 보낸 보고에서 5월 9일 청와대 국가안보회의 모임에서도 UNCURK 문제가 논의된 것 같다고 언급하였다.[89]

북한의 WHO 가입 9일 후인 1973년 5월 25일 마침내 김용식 장관은 하비브 대사에게 다른 나라들에 공개하지 말 것을 전제로 후일 '6.23선언'으로 발

---

89 "Telegram from the Embassy in Korea to the Department of State" May 17, 1973, POL 1 KOR S, Subject-Numeric Files 1970-1973(*RFDKP 1970-1974*, NKIDP, 1213쪽 수록)

표되는 한국의 외교정책의 중대 변경 내용을 알려주었다. 그 내용은 기본적으로 통일을 추구하여 북한을 국가로서 정식 승인하지는 않고, 유엔군은 계속 한국에 남아 있어야 한다는 것을 전제로 하고, 다음과 같은 정책을 담았다.

- 어떠한 경우에도 중국, 소련 등 중요 공산주의 국가가 남한을 승인하지 않는 한 미국이 북한을 승인해서는 안된다.
- 남한은 북한이 국제기관에 참여하는 것을 반대하지 않을 것이다.
- 이번 유엔총회(28차 총회)에 한국 문제 토의 연기를 추구하지 않으며, 북한의 총회 참석을 반대하지 않을 것이다.
- 한국 정부는 UNCURK 활동을 중단하는 것에 동의한다.
- 남한이 유엔에 가입하면 북한이 가입하는 것을 반대하지 않겠다.[90]

이처럼 한국 정부가 토의 연기 전략을 철회하고, 남북한 동시 유엔 가입을 제안하고, 북한 대표의 유엔 출석을 허용하며, UNCURK 활동 중단을 언급하였으니 큰 틀에서는 유엔 한반도 문제 토의를 둘러싼 한국과 미국 사이의 쟁점은 거의 해소된 것이나 다름없었다. 유엔사 문제에 대해서는 언급이 없었지만, 미국도 유엔사 해체는 별개의 문제로 보고, 이를 UNCURK와 분리해서 처리한다는 방침이었다. 또한, 중국도 유엔사 문제에 대해서는 UNCURK 만큼 적극성을 보이지 않았다.

미국 정부 내에서는 1973년 6월 15일과 18일 한국의 새로운 외교정책 변

---

90 "Telegram from the Embassy in Korea to the Department of State", May 25, 1973, POL 1 KOR S, Subject-Numeric Files 1970-1973

경에 대한 미국 정부의 공식 입장을 정리하기 위해 키신저의 주재로 고위관리 정책 검토 모임이 진행되었다. 6월 15일 모임에서 키신저는 미국이 "중국인들과 협상을 할 때 한국과 처음부터 상의를 해야 하느냐?"라고 반문하면서 자신은 "모든 것이 우리와 소련과 중국 사이에 남기를 바란다"라고 언급하였다.[91] 당시 미국과 중국 사이에 UNCURK 종결 방식을 두고 협상 중이었기 때문에 일단 여기서 협상의 중요 내용이 합의되고, 한국 정부와의 협의는 여기에 맞추어 나가면 된다는 것이었다. 실제 1971년 이래 UNCURK 문제 등을 둘러싼 협상은 미국과 중국 사이의 협상과 한국과 미국 사이의 협의가 톱니바퀴처럼 맞물려 전개되었지만, 미중 협상이 앞서 나가고 한미 협의는 거기에 맞추어 가는 양상이었다.

1973년 6월 19일 앞서 언급한 바대로 키신저는 황화를 만나 1973년에는 UNCURK를 종결하거나 활동 정지하고, 1974년에는 유엔사 문제를 논의하겠다는 메시지를 중국 측에 전달하였다. 그리고 같은 날 국무부는 한국 정부의 외교정책 전환(6.23 선언)에 대한 미국의 공식 입장을 담은 전문을 서울의 주한미국사관에 보냈다. 국무부는 여기서 UNCURK 문제에 대해 한국 측은 활동 중단을 이야기하지만 미국은 UNCURK 과거 활동에 대한 논란 없이 완전히 해체되는 것을 선호한다고 언급하였다.[92] 당시까지 미국은 중국 측에 UNCURK 활동 중단 또는 종결을 주로 제안하였지만, 중국은 공식 해체를 주장하고 있었다.

---

91 "D238: Senior Review Group Meeting", June 15, 1973, *FRUS 1969-1976*, Vol. E-13

92 "Telegram from the Embassy in Korea to the Department of State", POL 1 KOR S, Subject-Numeric Files 1970-1973(*RFDKP 1970-1974*, NKIDP, 1274쪽 수록)

그런데 그 다음날인 6월 20일 김용식 외무장관은 하비브 대사에게 '6.23 선언' 문안 내용을 보여주고 협의를 요청하였다. 그런데 여기에는 UNCURK 문제가 빠져있었다. 하비브가 즉각 이 문제를 제기하자 김장관은 신문기자와 회담 과정에서 UNCURK 중단을 반대하지 않는다고 했으니 문제가 될 것이 없다고 하였다.[93]

한국 정부가 정책 자체를 바꾼 것은 아니지만 UNCURK 문제에 대한 명시적 언급을 '6.23선언' 발표 단계에서 삭제한 것은 국내 정치적 고려 때문이라 생각된다. UNCURK는 대한민국 정통성 논리와 관련 있는 기관이었기에 여기에 대해 너무 명시적으로 언급하여 논란이 일어나는 것을 당시 한국 정부는 기피했던 것이다.

1973년 6월 23일 오전 박정희 대통령은 TV로 생중계된 연설을 통해 「평화통일외교정책에 관한 대통령 특별성명」을 발표하였다. 이날 기자들의 질문은 김종필 총리가 받았고, 김용식 장관은 유신헌법에 의해 새로 만들어진 '통일주체국민회의'에 나아가 외교정책 전환을 설명하였다. 김종필 총리는 UNCURK 문제가 질문되자 "UNCURK는 유엔 결의에 따라 만들어졌으니 유엔 결의로 해체 여부가 결정되면 이에 따르겠다"라고 발언하였다.[94] 김용식 장관은 7월 13일 기자회견에서 역시 같은 기조로 "정부는 올 가을 유엔총회에서 UNCURK 해체를 스스로 제안할 생각도 없고 우방을 통해 제안하지도 않을 것이다"라고 전제한 후, "UNCURK 문제는 유엔 총회 회원국의 대다수의

---

93 "Telegram from the Embassy in Korea to the Department of State", June 20, 1973, POL 1 KOR S, Subject-Numeric Files 1970-1973

94 『동아일보』 1973년 6월 23일

결정에 따르겠다"라고 했다.[95] 28차 유엔총회에 임하는 외무부의 내부 지침도 역시 같은 기조로 작성되었다.[96] 그렇기 때문에 한국 정부가 UNCURK의 활동 중지냐 해체냐, 이 문제를 어떤 방식으로 관철하느냐는 세부대책에 대해서 상세한 검토를 해서 정책을 선택하거나, 이를 미국 등 우방국에 적극적으로 개진할 여지도 사실상 별로 없었다. 1973년 7월 19일 로저스(William P. Rogers) 국무장관이 방한하여 박정희 대통령을 만났다. 이 자리에서도 박대통령은 "UNCURK는 자진 해체 방안이 있고, 유엔 결의에 의해 해체되는 방안도 있는데 미국과 협의해서 좋은 방안이 나왔으면 좋겠다"라고만 이야기하였다.[97]

한국 정부가 UNCURK 문제를 주동적으로 나서서 대응하지 않은 것은, 자신의 문제에 대해 너무 수세적이고, 방어적인 태도로 일관한 것이 아니냐는 비판을 받을 수 있다. 그러나 미중 사이의 협상이 어떻게 진행되는지도 잘 모르고, 여기에 어떤 영향력을 미치기도 힘든 상태에서, 한국 정부가 상황을 주동적으로 판단해서 대처한다는 것이 원천적으로 어려운 측면이 있었다. 한국 정부는 1970년대 초 UNCURK 문제 등 일련의 협상에서 미리 주동적으로, 선제적으로 대응하기보다는 상황 전개에 따라 다른 선택의 여지없이 불가피한 상황이 도래하면, 거기에 맞추어 유연성을 발휘하여 필요한 만큼만 조치를 취해나가는 정책으로 일관하였다.

1973년 8월 29일과 30일 UNCURK는 회의를 열고 28차 유엔총회에 제출

---

95 『동아일보』 1973년 7월 13일

96 방교국, 「제28차 유엔총회 한국 문제에 대비한 정부입장 설명자료」 1973년 7월 18일 731. 21, 6144, 대한민국 외교사료관

97 「미국 국무장관 접견 요지」 1973년 7월 19일, 724.32US, 5938, 대한민국 외교사료관

하는 보고서에 자진 해체를 건의하는 내용을 수록하는 데 합의하였다.[98] 9월 7일 UNCURK 사무국은 기자회견을 통해 공개적으로 "UNCURK 회원국들은 UNCURK의 한국 주재가 더 이상 요구되지 않는다는 신중한 판단을 표명하면서 UNCURK가 해체되어야 한다는 것을 18일 개막되는 유엔총회에 건의했다"라고 발표하였다.[99]

결과적으로 9월 유엔총회 개막 직전인 8월 말에 한국, 미국, 중국, UNCURK 회원국 사이에는 UNCURK 해체에 대해 사실상 합의를 본 셈이다. 그러나 문제는 UNCURK 해체를 어떠한 방식으로 유엔총회에서 결의할 것인지, 또한 UNCURK 문제를 유엔사 문제와 분리해서 처리할 것인지, 아니면 함께 거론하고 처리할 것인지에 대해서는 합의가 이루어지지는 않았다. 이러한 상태에서 1973년 9월 18일 유엔총회가 개막되었다.

다. 제28차 유엔총회 중의 비공식 협상과 UNCURK의 해체

북한은 1973년에도 거세게 유엔총회에서 한반도 문제 토론을 밀어붙이며, 국제적으로 주한미군 철수 여론을 불러일으키려 했다. 1973년 3월부터 북한은 남북조절위원회 회담에서 남북한 평화협정, 주한미군 철수, 남북한 상호 감군 등 군사·정치적 의제를 제기하고 이 문제를 우선적으로 토론하자고 남한을 압박하였다. 남북대화는 이때부터 난관에 봉착하였다. 북한의 언론들은 한 동안 박정희 대통령과 남한 정부에 대한 비난을 자제했지만, 1973년 초부터 다

---

98 『동아일보』 1973년 8월 31일
99 『동아일보』 1973년 9월 7일

시 비난 공세가 시작되었다. 1971년과 1972년 두 차례 유엔에서 한반도 문제 토론이 연기되었기 때문에, 북한과 그 우방국들은 1973년 봄부터 유엔에서의 한반도 문제 토론을 더 열정적으로 추구하는 양상이었다.

북한은 1973년 5월 WHO 가입에 성공함에 따라 뉴욕 유엔본부에 옵서버 대표부를 두고, 자신의 외교관을 상주시킬 수 있었다. 북한 외교관들은 8월 14일 소련 모스크바에 있는 미국 대사관에서 비자를 받고, 뉴욕으로 갈 준비를 했다. 그러던 중 8월 27일 북한 외교관들이 갑자기 베이징에 있는 미국 연락 사무소를 방문하였다. 북미 외교관이 접촉한 것은 이것이 처음이었다. 북한 외교관들은 방문 중 유엔본부에 옵서버 대표부를 설치하러 가는 북한 외교관들이 받은 비자에 대해 문의하는 것 이외의 다른 이야기는 하지 않았다.[100] 그러나 북한 외교관의 갑작스러운 방문은 북미 접촉을 위해 한번 분위기를 탐색해 보려는 의도가 명백하였다. 그리고 공교롭게도 그 다음날 8월 28일 김대중 납치사건을 비난하며, 이후락 같은 자와는 더 이상 대화할 수 없다고, 남북대화 중단 선언을 하였다.

북한이 대화 중단을 선언한 이유는 복합적이었지만, 시점을 볼 때 유엔총회 문제와도 밀접한 관련이 있었다. 한국과 미국이 남북대화의 결과를 기다려 보자는 논리로 두 해에 걸쳐 토론 연기 전략을 관철시켰으므로 이러한 논리를 일단 차단하려 했던 것이다. 1973년 9월 3일 북한 외교관들이 뉴욕에 도착하였다. 북한 관리들이 미국에 나타난 것은 물론 이것이 처음이다. 1973년 9월 18일 유엔총회 개막을 앞두고 남북한의 외교전쟁은 더욱 치열해질 수밖에 없

---

100 "Telegram from Bruce to Kissinger" August 28, 1973, Box 328, Winston Lord Files

는 상황이었다.

　1973년 8월 8일과 9일 뉴욕에서 한국, 미국, 일본, 영국, 호주 5개국 대표들은 유엔총회에 대비하기 위한 우방국 전략회의를 개최하였다. 이 회의에서 북한대표가 유엔에 출석하는 것을 허용하고, UNCURK의 자진 해체 결의를 유엔총회에서 승인하는 것으로 의견이 모였다. 유엔사 해체 문제는 일단 반대하되, 총회 진행 중 득표 전망이 확실치 않으면 휴전협정의 유지를 위한 조치를 취한 다음에 유엔사를 해체해야 한다는 조건부 해체론을 주장하기로 했다. 그런데 남북한 동시 유엔 가입 문제에 대해서는 한국 정부의 애초 예상과는 달리 우방국들 사이에서도 큰 논란이 야기되었다. 유엔 동시 가입 제안은 6.23 선언의 핵심이자 남한의 28차 유엔총회 대책의 핵심이었다. 당시 한국 정부 요인들은 북한과 공산 측도 내심 이를 찬성할 것이라 낙관하였지만 사정은 전혀 그렇지 않았다. 왜냐하면 동서독과는 달리 이 문제가 사전에 남북한 사이에서 서로 합의되어 유엔에 제안된 것이 아니었기 때문이었다.[101]

　제28차 유엔총회 개막을 앞두고, 1973년 9월 10일 한반도 문제에 대한 서방 측 결의안과 공산 측 결의안이 각기 유엔총회에 제출되었다. 호주를 대표 제안국으로 한 서방 측 결의안의 요지는 다음과 같았다.

　　1. 남북대화를 환영한다.

　　2. UNCURK 보고서에 포함된 위원단의 해체 권고를 승인한다.

　　3. 남한과 북한이 유엔의 회원국이 되는 것을 고려하기를 희망한다.

101　"Memorandum from David H. Popper to the Secretary of State" August 15, 1973. *RFDKP 1970-1974*, NKIDP, 1344쪽

4. 안전보장이사회가 이사회의 책임에 속하는 한국 문제의 제 국면에 대하여 직접 관계 당사들과의 협의 하에 심의할 것을 희망한다.[102]

남북한 동시 유엔 가입 제안은 북한과 공산 국가 및 일부 비동맹 국가의 반발을 우려하여 3항에 "대한민국과 조선민주주의인민공화국이 보편주의 정신에 따라 유엔 회원이 되는 것을 이 지역에서의 평화와 안전의 유지, 나아가서 평화통일의 목표 달성을 가일층 촉진시키는 수단으로서 고려하기를 희망한다"라는 구절로 아주 완곡하게 표현되었다. 여기서 4)항은 유엔군사령부 해체 주장에 대응하기 위한 항목이었는데, 유엔사 문제가 논란이 되는 것을 가급적 피하기 위해 유엔사라는 단어를 직접 거론하지는 않았다.

반면 알제리를 대표로 공산 측 및 일부 비동맹 국가가 함께 제출한 결의안의 요지는 다음과 같았다.

1. UNCURK를 해체하기로 결정한다.
2. 남한 주둔 외국 군대의 유엔기를 사용할 권한을 무효화하고, 유엔군사령부를 해체한다.
3. 모든 외국 군대의 철수[103]

---

102 "Note from Permanent Representatives of Australia and Others to the United Nations Addressed to the Secretary-General(A/9146)" September 10, 1973(외무부, 1976, 앞의 책, 423-425쪽 수록)

103 "Letter from the Representatives of Algeria and Others to the United Nations Addressed to the Secretary-General(A/9145)" September 10, 1973(위의 책, 428-433쪽 수록)

공산 측 결의안은 1972년 알제리가 대표로 제출한 결의안의 내용과 큰 차이가 없었다. 다만 '유엔군사령부' 해체 문제를 명확하게 거론한 것이 특징이다. 이는 북한의 입장이 반영된 것으로 보인다. 당시 북한은 평화협정 체결을 강하게 내세우고 있었다. 유엔군사령관은 휴전협정의 이행당사자였으므로, 유엔사의 해체는 평화협정 문제를 쟁점화하는 데 중요한 발판이었던 것이다.

마침내 1973년 9월 18일 유엔총회가 개막되었다. UNCURK 해체 자체에 대해서는 양측이 사전에 사실상 의견 접근을 이루었지만, 해체하는 방식도 중요한 문제였다. 한국과 미국은 과거 UNCURK 활동에 대한 정당성이 부정되거나, 심각하게 논란이 야기되지 않은 채 해체되어야 한다는 입장이었다. 반면 북한은 UNCURK의 과거와 현재 모두를 부정하고, 논란이 되는 방식으로 해체해야 효과를 보는 것이었다. 또한 UNCURK 해체가 유엔사 해체와 동시에 다루어질 것인지, 분리될 것인지도 문제였다. 중국은 미국의 분리 주장에 정면반박하지 않았으므로 분리 해결에 좀 더 수용적으로 보였지만, 북한이 이를 수용할지는 미지수였다.

결과적으로 유엔 한국 문제 토론의 기나긴 역사상, 전무후무하게 표결 없이 공동 합의로 UNCURK 해체가 이루어졌지만, 유엔총회 중의 협상도 매우 어려웠고, 중대한 고비가 있었다. 1971년부터 그러했지만 협상의 방식은 미국과 중국이 은밀한 협상을 통해 기본적인 합의를 이루고, 두 강대국이 각기 남북한 및 관련 우방국들과 의견 조율을 해서 이를 추인하거나 약간씩 수정해가는 방식이었다. 협상의 주 무대는 뉴욕의 유엔본부였지만, 워싱턴과 베이징이 배후에서 이를 지휘했고, 서울과 평양은 물론이고 남북한의 중요 우방국 수도인 수

십 개의 도시에 전문이 오가며 협상이 진행되었다. 또한 유엔총회는 기본적으로 유엔 회원국 모두가 참여하기 때문에 세계의 거의 모든 나라가 크건 작건 간에 모두 이 문제에 관여할 수밖에 없었다.

1973년 10월 1일 유엔총회 제1위원회는 결의안 형식이나 투표 없이 상호 합의에 의해 의장의 구두 선언 형식으로 남북한 대표를 한반도 문제 토론에 모두 초청하겠다고 결정하였다. 이에 남북한 대표의 출석 문제를 둘러싸고 20년 넘게 진행된 유엔에서의 대결('절차 문제')은 일단락되었다. 10월 2일 제1위원회에서 중국 부외무상 챠오관화는 유엔군 해체, 미군 철수를 주장하고, 남북한 유엔 동시 가입은 분단 영구화 정책이라고 비난하는 연설을 했다. 다만 서방 측 결의안에서 긍정적인 것은 UNCURK 해체를 언급한 것이라 했다.[104]

유엔총회 제1위원회는 10월 5일 한국 문제 토론을 11월 14일 또는 15일부터 시작하여 27일까지 진행하기로 결정하였다.[105] 한국 문제 토의 날짜는 다가왔지만 10월 한 달이 지나가도 협상은 진척이 없었다.

1973년 10월 31일 한국 정부의 28차 유엔총회 교체수석대표 박동진(주유엔 옵서버 대표부 대사)은 유엔 미국대표부에서 베넷(William T. Bennett) 대사를 만나 사태를 협의하였다. 이 모임에서 한미 양측은 표결에서 서방 측이 유리하지 않다고 판단하고, 서방 측 결의안 중에 남북한 동시 유엔 가입 부분을 삭제하는 대신 공산측은 유엔사 해체와 외국군 철수 조항을 삭제하는 방식으로 막후 협상

104　"Richard H. Solomon to Kissinger" October 3, 1973, POL CHICOM-US, Subject-Numeric Files 1970-1973

105　방교국, 『제28차 유엔총회 대표단 종합보고서』 1974년 1월 14일, 731.21, 6154, 대한민국외교사료관, 22쪽

을 해보기로 합의하였다.[106] 한국 정부로서는 상황이 급박하니 대통령이 직접 발표한 6.23선언의 핵심도 내려놓은 것이었다. 막후 협상 방법으로는 미국이 먼저 중국과 교섭하고, 추후 중국이 북한을 설득하는 방식을 따르기로 했다. 한미 양측은 막후 협상을 애초 워싱턴에서 할 생각이었다. 협상이 실패할 경우 유엔에서 한국과 서방 측의 체면을 유지하는 데 유리했기 때문이었다.

그러던 중 1973년 11월 7일 한밤 중인 10시 30분 중국 유엔대표부 대사 황화가 미국 유엔대표부 대사 스칼리(John Scali)의 관저에 방문하였다. 이 방문을 계기로 1973년 11월 7일에서 21일까지 주로 뉴욕에서 미국과 중국, 네덜란드와 알제리, 또한 남북한과 그들의 우방국 사이에 연쇄적인 비밀 협상이 전개되었다. 이 기간 중 11월 10일에서 14일 키신저의 베이징 방문이 있었고, 키신저는 미국으로 귀환하는 길에 11월 16일 서울을 방문해 박정희 대통령을 만났다. 이러한 막후 협상(비밀 협상)의 과정에서 한국 정부는 미국과 공조하며 협상에 참여했고, 그 전개 과정에 대해 미국 측으로부터 대부분 통보받은 것으로 보인다. 현재 한국 외무부가 공개한 문서에 이러한 막후 협상의 전개 과정을 담은 일지가 상세히 기록되어 있다.[107]

1973년 11월 7일 자정을 넘기며 2시간 15분 동안 스칼리 대사의 관저에서 진행된 막후 협상에서 황화는 그동안 교착된 협상의 돌파구가 되는 제안을 하였다. 그는 일단 한반도 문제에 대한 협상은 주유엔 중국대표부가 주관할 사항

106　유엔대표부, 「한국 문제에 관한 막후교섭 일지(제28차 총회, 1973년)」 1973년 12월(방교국, 『제28차 유엔총회 대표단 종합보고서』 1974년 1월 14일, 731.21, 6154, 대한민국외교사료관에 첨부) 1쪽

107　위의 글

이니 워싱턴의 백악관 및 국무부와 중국 연락사무소 사이에서가 아니라 뉴욕에서 자신과 스칼리 사이에 협상이 진행되어야 한다고 못을 박았다. 그리고 중국도 한국 문제 처리에서 대결을 피하는 데 원칙적으로 동의한다면서 다음과 같은 제안을 하였다.

1. 양측의 결의안을 투표에 부치지 않는다.
2. 양측이 합의한 내용을 제1위원회 의장이 구두로 발표(consensus statement)하는 형식으로 UNCURK 해체를 처리하며,
3. 한반도 문제에 대한 각국 대표의 연설은 중지하지 않고 예정대로 진행한다.

그리고 합의성명에 들어갈 내용을 다음과 같이 제안하였다.

1. UNCURK 해체
2. 외군 철수 및 유엔사 해체에 대한 언급은 하지 않는다.
3. 서방 측 결의안 중 유엔 동시 가입 부분(3항)과 안보리에 대한 권의(4항)도 언급하지 않는다.
4. 공산 측 결의안 전문에 나열된 7.4 공동성명 통일 3원칙, 평화협정 체결 촉구, 단일 국가로의 유엔 가입 등의 내용을 삽입한다.[108]

큰 틀에서는 결국 미국이 제안한 바대로 UNCURK 해체만 언급하고 나머지

---

108 위의 글, 2쪽

는 모두 삭제하는 것으로 합의를 추구한 것이었다. 평화협정 체결, 단일국가로의 유엔 가입 부분(4항)은 북한의 주장을 반영한 것이었다. 이 대목에서 중국은 UNCURK, 유엔사 분리 처리라는 미국의 제안을 마침내 수용한 셈이었다. 여기서 결의안을 놓고 투표를 통해 문제를 해결하는 것이 아니라, 의장이 양측이 합의한 내용을 성명으로 발표하고, 이를 만장일치로 추인하는 방식은 28차 유엔총회에서 남북한 대표 동시 초청 문제를 해결하는 방식과 같은 것이었다. 이는 중국 측이 새로운 아이디어를 낸 것이라 할 수 있다. 미국 정부는 오래 동안 UNCURK 문제 처리 방식에 대해 여러 방식의 실행 방안을 내부적으로 검토해왔지만, 이처럼 의장 성명으로 처리하는 방식을 상정해본 바는 없었다. 이처럼 UNCURK 문제가 타협적으로 해결되는 데 중국이 상당히 적극적인 역할을 했고, 특히 황화가 중요한 역할을 하였다. 저우언라이와 키신저가 1973년 11월 12일 베이징에서 만나 한반도 문제를 거론할 때, 두 사람 모두 황화가 매우 열정적으로 나서고 있다고 감탄하였다.[109]

미국은 중국과의 협의 내용을 즉각 한국 측에 알려주었다. 다음 날인 11월 8일 스칼리와 황화가 다시 만났는데, 여기서 중국 측은 합의성명 초안을 제시하며, 북한을 설득하는 것에 대해서는 자신감을 표명하였다. 11월 9일 미중 양측은 다시 회합하여 합의성명 초안 내용을 확정하였다. 중국 측은 미국의 요청(실질적으로는 한국의 요청)을 수용하여 평화조약, 단일국가 유엔 가입 부분을 삭제하고, 나머지 사항을 담은 초안을 제출했고, 미국은 이를 수용하였다. 그러나 이 합의성명안을 언제 제1위원회 의장에게 제출하느냐는 시점

---

109 "Memorandum of Conversation, Kissinger and Chou En-lai", November 11, 1973, CE, Box 372, Winston Lord Files

이 또한 문제였다. 중국은 북한이나 공산주의 국가들이 제1위원회에서 한반도 문제에 대해 발언하기를 원하는 만큼, 한반도 문제 토의 종결일을 제안하였다. 반면 미국은 토론 자체를 기피해야 했기에 토의 첫날인 11월 14일 또는 15일을 제안하였다.

11월 9일 양측이 합의성명 내용을 타결할 무렵 키신저는 베이징 방문을 위해 워싱턴을 떠나 있는 상태였는데, 전문으로 보고를 받고 합의성명안을 승인하였다.[110] 11월 11일(중국 시간) 베이징에서 저우언라이는 키신저에게 한반도 문제에 대해서는 이미 양측이 타협에 도달했다고 하면서 북한이 결의안 공동 제안국으로 가담한 자신들의 우방국들을 설득하는 데 시간이 필요하다고 하면서. 애초 11월 14일로 예정된 한반도 문제 토론을 그 이후로 연기하자고 제안하였다. 키신저는 이러한 제안을 수락하고, 자신이 숙소로 돌아가면 워싱턴에 메시지를 보내겠다고 하였다.[111] 많은 언론인과 연구자가 저우언라이와 키신저가 베이징에서 UNCURK 문제를 타결지었다고 보았지만, 실제 협상은 뉴욕에서 주로 이루어졌고, 두 사람 사이에는 주로 공동성명 제출 시점 정도만 논의되었던 것으로 보인다.

그후 11월 11일 오후 1시 30분(미국 시간) 미국 유엔대표부 베넷이 황화를 만났는데, 베넷은 키신저로부터 훈령을 받아 한국 문제 토론 시작 일을 연기할 수 있다고 말했다. 그러나 황화는 토론 시작일 자체를 연기하면 다른 공산주의

---

110 키신저는 저우언라이와의 대화에서 자신이 전문으로 11월 9일 뉴욕에서의 합의 내용을 보고받고, 직접 승인했다고 밝혔다(위의 대담비망록, 354쪽)

111 위의 대담비망록, 354-357쪽

국가들이 의심할 것이라고 난색을 표하였다.[112]

당시 미국 측은 중국과의 이면 합의 내용을 중요 우방국들에게 알리고, 동의를 받았지만 중국은 그럴 수가 없었다. 당시 중국과 소련의 관계는 거의 적대적 관계에 가까웠다. 중국이 이면에서 미국과 이러한 합의를 했다는 것이 알려지면 소련과 그 위성국가들이 중국이 미국과 비밀협상을 하며 타협적으로 나온다고 비난하고, 협상을 방해하고 나설 것이 분명하였다. 때문에 중국은 미국과의 이면 합의 사실을 숨기고, 북한의 입장을 지지하는 국가들을 미국과 이미 합의한 방향으로 설득하였다. 이러한 상태였기 때문에 갑자기 한국 문제 토론 일을 변경하면 소련을 비롯한 다른 공산주의 국가들이 중국이 미국과 이면에서 무슨 일을 꾸미고 있지 않나 의심하는 소지를 만들 수 있다는 것이었다.

이 문제에 대해서는 저우언라이와 황화가 애초 서로 판단이 달랐거나, 아니면 현지의 반응을 체크해보고 황화가 입장을 변경했거나 독자적인 판단을 했던 것으로 보인다. 그러나 11월 13일 중국 측은 타협을 위해 북한 대표가 알제리를 설득하고 있지만 여의치 않은 상태라고 미국 측에 상황을 알려왔다.[113] 11월 14일 양측의 막후 협상에서 합의가 이루어지지 않은 상태에서 유엔총회 제1위원회에서 한국 문제에 대한 토의가 시작되었다. 같은 날 북한 대표 권민준이 발언을 했고, 15일은 한국 측 수석대표 김용식 장관이 발언을 하였다.

---

112 앞의 글, 「한국 문제에 관한 막후교섭 일지(제28차 총회, 1973년)」, 5쪽
113 위의 글, 6쪽

미국과 우방국들은 서방 측을 대표하여 네덜란드로 하여금 알제리를 설득하기 위해 별도의 양자 협상을 전개해보기로 결정하였다. 네덜란드는 또한 UNCURK 회원국 중에 하나였다. 중국 측은 네덜란드가 알제리와 협상에 나서는 것은 찬성하지만, 미국과 중국이 이미 공동성명 초안에 합의했다는 사실을 숨기고, 별도의 합의 성명을 만드는 척하면서 내용적으로는 미중 사이에 이미 합의된 성명에 맞추어가는 방식으로 협상해 달라고 당부하였다. 중국이 미국과의 이면 합의 내용을 자신의 우방국들에게 알려줄 수 없었기 때문에 이렇게 할 수밖에 없었다.

네덜란드와 알제리의 협상은 쉽지 않았다. 알제리가 계속 공동성명에 유엔사 해체, 유엔기 사용 금지 조항을 넣으려 했기 때문이었다. 이에 한국과 미국 등 서방 측 국가들은 협상이 결렬되었을 때를 대비하여 비상계획을 한편으로 논의하였다.[114]

유엔에서의 협상이 마무리되지 않는 상태에서 11월 16일 키신저가 서울을 방문하여 박대통령을 만났다. 이날 회담에서는 이미 큰 틀에서는 합의하고, 세부적인 문제만 남았기 때문에 UNCURK 문제는 거론되지 않았다. 유엔 동시 가입 문제는 조금 언급되었다. 이날 박대통령은 키신저에게 유엔사 해체 문제에 대한 대안을 거론하였다. 그는 북한이 평화협정을 맺자고 공세를 벌이고 있는데, 한국과 미국도 무언가 제안할 것이 있어야 한다면서 완전히 결정된 것은 아니라는 것을 전제로 다음과 같은 예비적인 제안을 하였다.

---

114 위의 글, 6-9쪽

1. 남북 불가침 협정을 체결하고, 휴전협정의 유효성을 남북 양측이 합의한다.

2. 1의 초치가 취해진 이후 유엔군사령부를 해체한다.

3. 유엔군사령관의 권한은 한국군으로 인도한다.

키신저는 이러한 제안에 대해 "첫 느낌은 좋은 것 같은데, 미국도 유엔군사령부 문제를 연구해보아야 한다"라면서 조만간 답을 주겠다고 했다.[115]

그러던 중 마침내 11월 19일 네덜란드와 알제리가 협상이 타결되어 공동성명 내용에 대한 합의가 완전히 이루어졌다. 물론 두 나라가 합의한 공동성명안은 미국과 중국이 사전에 합의한 안과 동일한 것이었다. 네덜란드와 알제리가 UNCURK 문제로 비공개 협상을 하고 있다는 사실 자체는 당시 언론에도 보도되었다. 그러나 그 전에 미중 사이에 비밀 협상과 사전 합의가 있었다는 것은 물론 당시에 알려지지 않았다. 11월 20일 서방 측과 공산 측은 각기 동맹국 회의를 개최하고, 네덜란드와 알제리의 합의안을 추인하였다.

1973년 11월 21일 마침내 유엔총회 제1위원회 의장은 오전 회의가 끝날 무렵 양측이 이미 합의하여 제출한 성명을 낭독하였다. 성명 내용은 7.4 공동성명서의 통일 3원칙을 나열한 후에 다음과 같이 언급했다.

위와 같은 정신(7.4 공동성명; 필자) 위에 남북한이 대화를 계속하고 다방면적으로 교류와 협력을 넓혀가도록 촉구되어 독립적이고 평화적인 나라의 통일을 촉진해가는 것이 일반적인 바람이다. 총회는 유엔통일부흥위원단의 즉각적인 해체를 결정한다.[116]

---

115 "D246: Memorandum of Conversation, President Park and Secretary Kissinger" November 16, 1973, *FRUS 1969-1976* Vol. E-13

의장의 낭독 후 아무도 이의를 제기하지 않았고, 이로써 UNCURK 해체 결정은 제1위원회에서 채택되었다. 그리고 11월 28일 유엔총회 본회의(plenary meeting)는 UNCURK 해체를 결의한 제1위원회의 합의성명을 표결 없이 단 5분 만에 만장일치로 통과시켰다.[117] 이렇게 해서 UNCURK는 창립 23년 만에 역사 속에 사라졌다.

---

116 "Report of the First Committee(A/9341)" 455쪽(외무부, 1976, 앞의 책, 455쪽)

117 『동아일보』 1973년 11월 29일

Ⅳ. UNCURK 해체의 결과 및 후속 조치와 평가

1. UNCURK 해체 이후 남북한의 동향

1973년 11월 21일 유엔총회 제1위원회에서 UNCURK 해체가 결의된 직후 남북 양측은 모두 이를 환영하고, 자신의 외교적인 승리라고 주장하였다.[118] 남한은 애초 UNCURK를 사수하려 했고, 반면 북한은 해체하려 했으니 표면적으로는 북한의 승리인 것처럼 보일 수 있다. 그러나 그 과정과 방식을 볼 때는 상황이 다르다. UNCURK 문제가 유엔군사령관, 주한미군 문제와 완전히 분리되고, 이에 관한 표결이나, 심각한 논쟁 없이 조용히 해체되는 방식에 대해 북한은 당연히 불만스러울 수밖에 없었다. 북한은 애초 제28차 유엔총회에서도 자신의 우방국들이 당황스러울 정도로 비타협적으로 자신의 주장을 관철하려 강경하게 나왔다.[119] 아무튼 그 자세한 경위를 현재 알 수가 없지만 중국의 권유와 압박 때문에 어쩔 수 없이 원치 않는 타협안을 수용하였다. 북중관계는

---

118 『동아일보』 1973년 11월 22일. 북한의 『로동신문』은 UNCURK 해체에 대해 북한 외교의 승리라고 자찬하였다(『로동신문』 1973. 11. 24)

119 "INR, Intelligence Note -Korean Question in the UN: Seoul Moves for Compromise-", POL 32-4 KOR-UN, Subject-Numeric Files 1970-1973

이를 계기로 현저한 불협화음을 보였다.

남한은 UNCURK 해체 이후에도 이미 '6.23 선언'으로 발표된 외교정책을 큰 변화 없이 밀고 나갔고, 미국과의 관계에 큰 변동이 없었으며, UNCURK 해체에 필요한 후속 조치도 무리 없이 진행하였다.

1974년 1월 18일 박정희 대통령은 북한의 유엔군사령부 해체, 평화협정 제안에 대응하기 위하여 키신저에게 언급했던 것처럼 남북한 '상호불가침협정'의 체결을 공식적으로 제안하였다. 그리고 1974년 8월 15일 광복절 경축사에서 평화통일 3개 기본원칙을 천명하였다. 그 내용은 1) 남북불가침협정 체결, 2) 남북대화의 성실한 진행, 3) 토착인구 비례에 의한 남북한 자유총선거 실시였다. UNCURK가 해체되었으니 이전의 한국 정부의 공식 통일방안에서 '유엔감시'라는 부분이 삭제된 것이다. 이렇게 해서 한국 통일 문제의 해결을 탈유엔화 하였던 것이다. 한국 정부의 통일 방안은 그 후 유엔에서 완전히 분리되었다.[120]

반면 북한은 급진적이고 과격한 정책 전환을 보여주었다. UNCURK 해체 직후인 1973년 12월 1일 북한은 갑자기 제346차 군사정전위원회에서 서해 5도 섬 주변 해역이 자신의 관할이라고 선포하였다.[121] 이를 시작으로 지금까지도 서해5도 해역에서 남북한 사이에 각종 무력 충돌이 일어나고, 긴장이 계속되고 있다. 북한이 서해5도 해역을 분쟁화한 것은 북한이 추구하는 유엔군사령부 해체, 평화협정 체결 주장을 관철시키기 위해 한반도의 긴장을 고조시키

---

120 양영식, 1987, 『통일정책론』, 박영사. 180-181쪽
121 이용중, 2010, 「서해북방한계선(NLL)에 대한 남북한 주장의 국제법적 비교분석」, 『법학논고』, 제32집, 경북대학교 법학연구원, 545-548쪽

는 작업과 관련이 있었다. 또한 이 지역은 중국과도 매우 가까운 지역이었다. 당시 북한은 미국과 물밑에서 공조하면서 UNCURK를 조용하게, 유엔군사령부 문제와 분리하여 처리한 중국에 불만이 있을 수밖에 없었다.

그리고 북한은 1974년 3월 25일 남북대화로는 아무런 문제도 해결되지 않는다면서 북한과 미국 사이의 평화협정 체결을 제안하였다. 북한의 평화협정 제안은 북중관계 맥락에서는 북한이 더 이상 중국을 매개로 미국에 접근하지 않고, 직접 접촉하여 담판을 하겠다는 의사를 보여준 것이다. 이후 북한은 실제 미국과 접촉하기 위해 더욱더 광범위하고, 집요한 노력을 보여주었다. 한편 이는 남북관계 맥락에서는 더 이상 남북대화에 적극성을 보이지 않겠다는 의도를 보여준 것이기도 하다.[122]

2. 제29차 및 제30차 유엔총회에서의 한반도 문제 토의

1973년 UNCURK의 조용한 해체는 1974년부터는 유엔군사령부 문제를 해결하기 위해 협상하겠다는 약속을 전제로 취해진 조치였다. 중국은 이를 당연히 압박했고, 미국은 대책을 마련해야 했다. 미국 정부는 국가안보회의에서 내부 검토와 논의를 거쳐 1974년 3월 29일 「NSDM 251」이라는 문서로, 유엔군사령부 문제에 대한 정책을 결정하였다. 미국 장성이 사령관을 맡는 형태로 한미연합사령부를 창설하고, 휴전협정의 이행 책임을 유엔군사령관을 대체하

---

122 홍석률, 앞의 책, 2012, 361-370쪽

여 한미연합사령관이 담당하는 방식으로 일부 개정하고, 박대통령이 제안했듯이 남북한 사이의 불가침협정이 체결되면, 유엔군사령부를 해체할 수 있다는 것이 내용이었다. 그리고 한국군의 작전통제권은 유엔군사령관을 대체한 한미연합사령관이 보유함으로써, 미군 장성이 계속 한국군의 작전통제권을 행사한다는 내용도 담았다.[123]

미국 정부는 1974년 6월 13일 「NSDM 251」의 내용을 중국 측에 알려주고,[124] 타협을 추구하였지만, 중국은 결국 이러한 타협안을 거부하고, 미국이 직접 북한과 협상에 나서라고 하였다. UNCURK 해체 때와는 달리 중국은 더 이상 북한에 영향력을 보여주지 못하였다.[125]

이에 1974년 제29차 유엔총회에서는 유엔군사령부 문제를 두고, 다시 동서 양 진영의 논쟁과 표대결이 시작되었다. 서방 측은 휴전협정을 유지하기 위한 대안적 조치가 마련되면, 유엔군사령부를 해체하는 것도 가능하다는 내용의 결의안을 내었고, 공산 측은 유엔의 깃발 하에 있는 모든 외국 군대의 철수를 촉구하는 결의안을 제출하였다. 서방 측이 제출한 결의안은 통과되었지만, 공산 측 결의안은 찬성 표와 반대 표가 똑같이 나와 아슬아슬하게 부결되었다. 1975년 제30차 유엔총회에서도 같은 대결이 반복되었다. 1975년 11월 18일 표결이 진행되었는데, 놀랍게도 서방 측 결의안도 통과되고, 공산 측 결의안도 통과되는 초유의 사태가 벌어졌다.[126] 유엔의 한반도 문제 토론에서 공산 측이

---

123 "NSDM 251; Termination of the UNC", March 29, 1974, CE, Box 376, Winston Lord Files.

124 "Memorandum of Conversation, Winston Lord and Han Su" June 13, 1974, CE, Box 331, Winston Lord Files

125 홍석률, 2012, 앞의 책, 371-378쪽

지지하는 결의안이 통과된 것은 이것이 처음이었다.

1976년 제31차 총회를 두고, 또 다시 격돌이 예상되었지만, 총회 개최 직전인 1976년 8월 18일 판문점 공동경비구역에서 북한 경비병들이 미군 장교 2명을 무참히 살해하는 사건이 발생하였다. 이 사건으로 북한에 대한 국제 여론이 악화되고, 비동맹 국가들도 북한의 입장에 등을 돌렸다. 이에 북한은 유엔총회에 이미 제출한 결의안을 중도에 철회하였다. 그 이후에는 유엔총회에서한반도 문제 토의가 더 이상 이루어지지 않았다. 북한은 유엔군사령부 및 평화협정 체결을 계속 밀어붙이려 했겠지만 이를 지지하는 국제적 동력을 더 이상조성하지 못했던 것이다. 이에 유엔총회에서 연례행사처럼 계속되던 한반도문제 토의도 UNCURK 해체 후 2년 만에 마무리되어 역사 속에 사라졌다.

3. UNCURK 해체 사례의 교훈과 시사점

1971년부터 미국 정부는 UNCURK의 장래 문제에 대해 연구 검토 작업을했고, 중국과의 관계 개선 협상 과정에서 한반도 문제를 논의했지만 이러한 사실들을 한국 정부에 알려주지 않았다. 1972년 봄에야 미국 관리들은 유엔총회에서 토론 연기 전략이 실패할 경우 비상계획이 필요하다고 하면서, 미국 정부 내에서 UNCURK 문제에 대한 연구와 검토가 진행 중임을 한국 외교 관리들에게 시사하였다. 당시 한국 정부는 토론 연기 전략에 모든 노력을 경주하기

---

126 서방측 결의안은 찬성 59, 반대 51, 기권 29로 가결되었으며, 공산 측 결의안은 찬성 54, 반대 43, 기권 42로 가결되었다(『동아일보』 1975. 11. 19)

위해 미국과 비상계획에 대한 논의 자체를 가급적 기피하려고 하였다. 이에 미국과 UNCURK의 장래 문제에 대한 논의를 진전시키지 않았고, 이 문제에 대한 내부 연구 검토, 새로운 정책 마련도 1972년 말까지 유보되는 형편이었다.

그러나 1973년에 접어들어 중국이 미국을 UNCURK 문제로 본격적으로 압박하고, 미국도 한국 정부에 대책을 촉구하고, 북한이 유엔산하기구인 WHO에 가입하는 등 상황이 급변하자 더 이상 정책 변경을 미룰 수가 없었다. 한국 정부는 1973년 5월 말 '6.23 선언'으로 공표된 중대한 외교정책상의 전환을 준비하는 과정에서 마침내 UNCURK의 활동 정지에 동의하는 급격한 정책 변경을 하였다. 한국 정부는 필요한 순간 새로운 상황에 적응하여 정책을 급전환하는 유연성을 보여주었다.

그러나 UNCURK 문제 해결에서 능동적으로, 주도적으로 역할을 하지는 못하였다. 당시 미국은 물론이고, 중국도 한국 정부가 UNCURK 문제 해결에 자진해서 능동적으로 나서주기를 바라고 있었다. 그러나 한국 정부는 계속 UNCURK 문제에 대해 "유엔총회 결정에 반대하지는 않겠다"라는 정도의 수동적인 태도만을 보여주었고, 상황이 불가피해지면 그때서야 정책을 변경하는 모습을 보였다. 한국 정부는 미국과 중국 사이에 무엇이 논의되는지 잘 몰랐고, 여기에 어떤 영향력을 미칠 수 있는 조건도 아니었다. 이에 선도적으로 나서기보다는 사태의 진행 추세에 맞추어 불가피할 경우에 필요한 조치만 하는 방식으로 대응하였다. 물론 이러한 방식은 한국 정부의 여건상 안전한 것이었지만, 자기 주도권을 제대로 발휘하기는 힘들었고, 결과적으로는 UNCURK 문제 해결에서 미국과 중국의 주도성을 더욱 강화시켰다.

남북한 외교 경쟁 맥락에서 볼 때, 논란의 여지가 있지만 UNCURK 해체는 표면적이고 단기적으로는 북한과 중국이 승리한 것처럼 보였지만, 이면의 실제적인 측면과 장기적인 측면에서는 남한과 미국이 더 이득을 본 것이라 평가할 수 있다. UNCURK가 결과적으로 해체된 것은 북한의 승리라고 할 수 있지만, 그것이 조용히 해체되는 과정은 남한과 미국이 바라던 바였다. 특히 UNCURK의 해체는 완전히 유엔사 문제와 분리되는 방식으로 조용하게 진행되었는데, 이 구도 역시 유엔사 문제에 실질적인 이해관계를 두고 있었던 한미 양측에 유리한 방식이었다.

남한과 미국은 1971년과 1972년 남북대화를 명분으로 유엔에서 한반도 문제 토론을 연기시키는 전략을 관철시켰다. 1973년에는 두 문제를 분리하여 조용히 UNCURK를 해체시키는 데 성공하였다. 이러한 조치들은 단계적으로 유엔에서 한반도 문제 토론을 밀어붙이는 북한과 그 우방국들의 움직임에 서서히 바람을 빼는 효과를 발휘하였다.

1975년 30차 유엔총회에서 공산 측 결의안도 통과되는 초유의 사태가 벌어진 것도, 일부 유엔 회원국이 서방 측 결의안과 공산 측 결의안 모두에 찬성표를 던졌기 때문에 가능한 것이었다. 이는 한반도 문제 토론에 대한 유엔 회원국의 열기를 반영하기보다는 염증과 권태를 반영한 일이었다. 이에 1976년 8.18 판문점 사건을 계기로 연례행사처럼 치러졌던 한반도 문제 토론이 더 이상 이어지지 못하고 중단되었다. 이는 한국과 미국 정부가 바라던 바였다.

남북 외교 경쟁 차원이 아니라 한반도의 평화 정착과 남북 통합을 추구한다는 좀 더 근본적인 목표에서 UNCURK 해체 과정을 보면, 이는 결코 성공적이라 할 수도, 의미 있는 변화라 할 수도 없었다. 새로운 데탕트 국제정세의 조성 속에서 냉전 시기 한반도의 분단과 전쟁 과정에서 형성된 각종 기구들과 조약

중 제도적 측면에서 유일하게 변화한 것이 UNCURK의 해체였다. UNCURK의 해체가 동서 양 진영의 아주 이례적인 합의 속에서 해체된 것은 물론 긍정적인 측면이 있었다. 그러나 이는 국제적으로 또는 남북관계 면에서, 한반도의 평화 정착과 남북 통합을 향한 추동력을 높여 가는 방향에서 이루어진 것은 아니었다.

남북한은 이를 통해 타협과 협상의 분위기를 조성하는 것이 아니라 오히려 치열한 외교경쟁 속에서 상호 대결 분위기를 고조시키는 방향으로 갔다. 미국과 중국은 비밀리에 효과적으로 공조하기는 했지만, 이러한 공조는 한반도의 평화 정착을 위해 실질적으로 문제를 풀어가는 과정은 아니었다. 다만 두 강대국의 관계 개선을 위해 한반도 분단 문제가 유엔에서 국제적 쟁점으로 부각되는 것을 방지하고, 남북한이 해결해야 될 문제로 한국화, 내재화하는 과정이었다. 이는 실질적으로 문제 해결을 추구하기보다는 문제 해결을 유보하고, 문제를 은폐하는 과정에 다름 아니었다. 이에 데탕트기 한반도에도 남북대화가 처음으로 시작되는 등 긍정적인 기류 변화가 있었지만, 이는 한반도 분단 구조를 다방면적으로 근본적으로 개선하는 효과로 이어지지 못하였다. 그리고 탈냉전 이후에도 한반도의 분단, 휴전 상태에 어떠한 근본적인 개선도 이루어지지 못했고, 항구적 평화 정착과 남북 통합의 과제는 오늘까지도 그대로 숙제로 남아 있다.

UNCURK 해체 과정은 분단 상황에서 필연적으로 발생하는 남북한의 정통성 경쟁과 이를 둘러싼 외교적 경쟁에 있어서 중요하고, 흥미로운 시사점을 준다. 애초 한국 정부는 UNCURK가 실질적으로 하는 역할은 없지만 상징적이고 심리적인 측면에서 북한과의 정통성 경쟁에서 매우 중요하고, 나아가 남한의 안보에도 매우 중요하다고 생각하였다. 북한도 UNCURK에 이러한 관념을 투여했고, 그렇기 때문에 그것의 해체에 의미를 부여하였다. 그러나 데탕트로 말미암은 국제정세의 급격한 변동 속에서, 결국 한국 정부는 그것의 해체를 수용하는 방향으로 갔다. 이러한 전환은 새로운 국제적, 한반도적 상황 변화 때문에 UNCURK라는 기구에 부여된 상징성이 더 이상 의미를 갖기 어렵다는 것을 명분으로 했다. UNCURK라는 기구에 이러한 상징성이 부여되지 않자 UNCURK는 갑자기 별로 중요하지 않은 기구가 되었고 실질적으로 해체되었지만 남한의 국제적, 국내적 입장에 아무런 심각한 영향을 미치지 않았다. 다만 한국과 미국 정부는 매년 연례행사처럼 지속되었던 유엔총회에서의 무의미한 한반도 문제 토의에서 벗어날 수 있었다.

어떤 기구와 조약, 협정 등이 실질적으로 수행하는 기능이 있다면, 이러한 기능 자체는 새로운 기구와 조약 및 협정으로 얼마든지 대체하여 유지될 수 있을 것이다. 다만 이러한 기구와 조약 등에 부여되고 역사적으로 형성된 상징성과 관념이 그 개선의 필요성을 느끼면서도 쉽게 변경하지 못하도록 만들거나, 문제 해결을 가급적 기피하거나 유보하도록 만드는 경향이 있다. 이러한 관념과 관행에서 벗어날 수 있다면 문제가 복잡하고 민감해도 의외로 쉽게 해결될 수 있는 것이다. UNCURK의 해체 과정은 이 점을 잘 시사해주고 있는 것이 아닌가 한다.

부 록

[자료 1] "Resolution 376 (V) Adopted by the General Assembly", October 7, 1950(외무부, 1976, 『유엔한국문제결의집』, 93–96쪽 수록) · 116

UNCURK 창립에 대한 유엔 총회 결의안이다. UNCURK의 조직 및 목적, 기능을 규정하고 있다.

[자료 2] "Telegram from the Embassy in Korea to the Department of State" June 8, 1971, POL 1 KOR S–US, Subject–Numeric Files 1970–1973, RG 59, National Archive at College Park · 120

포터 주한미국대사가 한국 문제와 관련된 유엔기구인 UNCURK, 유엔군사령부 등의 유용성과 향후 전망에 대해 분석한 전문이다. 여기서 포터는 UNCURK는 물론 유엔군사령부의 유용성에 대해서도 문제 제기를 하였다.

[자료 3] "Memorandum from Kissinger to Nixon" November. 1971, Department of State, 2006, *Foreign Relations of United States 1969–1976*, Vol. XVII China 1969–1972, Washington DC, United States Government Printing Office · · · · · · · · · · · · · · · · · · · 129

국가안보담당 특별보좌관 키신저가 1971년 10월 2차 베이징 방문을 마치고 돌아와 저우언라이 등 중국 측과 논의된 내용을 요약하여 닉슨 대통령에게 보고한 문서. 중국과 북한이 미국에 UNCURK 해체를 주장한 내용이 담겨있다.

[자료 4] "Memorandum of Conversation", February 23, 1972, *FRUS 1969–1976*, Vol. XVII China 1969–1972 · 133

1972년 2월 닉슨 대통령의 베이징 방문 중 저우언라이와의 회담 내용을 기록한 대담비망록. 저우언라이는 여기서 UNCURK 해체를 주장하였다.

1972년 6월 베이징 방문 중 키신저와 저우언라이와의 대화를 기록한 대담 비망록. 저우언라이는 여기서 연내에 UNCURK를 해체하자고 시한을 정해서 제안하였다.

1972년 제27차 유엔총회에서 한반도 문제 토의를 연기시키려는 한국 정부의 정책을 담은 문서. UNCURK 문제도 언급되어 있다.

한국 및 미국 정부의 실무 외교관들 사이에 진행된 UNCURK 문제에 대한 대책 논의를 보여주는 문건이다.

외무부 실무 부서가 UNCURK 활동 중지 등 새로운 외교 정책의 수립 가능성과 타당성을 검토한 문건이다.

[자료 9] "Memorandum of Conversation; Chou En-lai and Kissinger", February 18, 1973, Department of State, 2007, *Foreign Relations of United States 1969-1976*, Vol. XVIII China 1973-1976, Washington DC, United States Government Printing Office ··· 161

1973년 2월 키신저의 베이징 방문 중 저우언라이와의 회담을 기록한 대담 비망록. 저우언라이가 UNCURK 해체 문제를 거론하자, 키신저가 연내에 UNCURK 활동을 종결할 수 있다고 답변하였다.

[자료 10] "Note from the Government of the United States to the Government of the People's Republic of China", August 22, 1973, *FRUS 1969-1976*, Vol. XVIII China 1973-1976 ·· 165

1973년 8월 미국정부가 중국 측에 보낸 노트(note)로, 연내에 UNCURK를 해체하고, 다음 해(1974)에는 유엔군사령부 문제를 협의하겠다는 약속을 문서로 전달한 것이다

[자료 11] "D238: Senior Review Group Meeting", June 15, 1973, *FRUS 1969-1976* Vol. E-13 ·· 166

한국정부의 6.23 선언에 대한 미국의 대책을 협의하기 위해 진행된 미국 고위관리들의 회의 기록. 회의 과정에서 키신저는 한국정부와의 협상보다는 중국과의 협상을 우선시 하는 입장을 보여주고 있다.

[자료 12] "D246: Memorandum of Conversation, President Park and Secretary Kissinger" November 16, 1973, *FRUS 1969-1976* Vol. E-13 ······················· 174

1973년 11월 키신저가 방한하여 박정희 대통령과 회담한 내용을 정리한 대담비망록. 이 자리에서 박대통령은 남북불가침 협정 체결과 한국군 장성이 유엔군사령관의 기능을 승계하는 방안 등을 거론하였다.

[자료 13] 유엔대표부, 「한국문제에 관한 막후교섭 일지(제28차 총회, 1973년)」 1973년 12월
(방교국, 『제28차 유엔총회 대표단 종합보고서』 1974년 1월 14일, 731.21, 6154, 대
한민국외교사료관에 첨부) · 200

1973년 11월 유엔총회 과정에서 UNCURK 해체를 위한 막후 교섭의 과정을 기록
한 일지이다. 현재 공개된 미국 정부 기록에서 잘 나오지 않는 구체적인 내용까지
기록되어 있다.

RESOLUTION 376 (V) ADOPTED BY THE GENERAL ASSEMBLY
ON 7 OCTOBER 1950

The General Assembly,

Having regard to its resolutions of 14 November 1947 (112 (II)), of 12 December 1948 (195 (III)) and 21 October 1949 (293 (IV)),

Having received and considered the report 1] of the United Nations Commission on Korea,

Mindful of the fact that the objectives set forth in the resolutions referred to above have not been fully accomplished and, in particular, that the unification of Korea has not yet been achieved, and that an attempt has been made by an armed attack from North Korea to extinguish by force the Government of the Republic of Korea,

Recalling the General Assembly declaration of 12 December 1948 that there has been established a lawful government (the Government of the Republic of Korea) having effective control and jurisdiction over that part of Korea where the United Nations Temporary Commission on Korea was able to observe and consult and in which the great majority of the people of Korea reside; that this government is based on elections which were a valid expression of the free will of the electorate of that part of Korea and which were observed by the Temporary Commission; and that this is the only such government in Korea,

Having in mind that the United Nations armed forces are at present operating in Korea in accordance

---

1] See Official Records of the General Assembly, Fifth Session, Supplement No. 16.

- 93 -

with the recommendations of the Security Council of 27
June 1950, subsequent to its resolution of 25 June 1950,
that Members of the United Nations furnish such
assistance to the Republic of Korea as may be necessary
to repel the armed attack and to restore international
peace and security in the area,

Recalling that the essential objective of the
resolutions of the General Assembly referred to above
was the establishment of a unified, independent and
democratic Government of Korea,

1.   Recommends that

(a)   All appropriate steps be taken to ensure
conditions of stability throughout Korea;

(b)   All constituent acts be taken, including
the holding of elections, under the auspices of
the United Nations, for the establishment of a
unified, independent and democratic government
in the sovereign State of Korea;

(c)   All sections and representative bodies of
the population of Korea, South and North, be
invited to co-operate with the organs of the United
Nations in the restoration of peace, in the holding
of elections and in the establishment of a unified
government;

(d)   United Nations forces should not remain in any
part of Korea otherwise than so far as necessary
for achieving the objectives specified in sub-
paragraphs (a) and (b) above;

(e)   All necessary measures be taken to accomplish
the economic rehabilitation of Korea;

2.   Resolves that

(a)   A Commission consisting of Australia, Chile,
Netherlands, Pakistan, Philippines, Thailand
and Turkey, to be known as the United Nations
Commission for the Unification and Rehabilita-
tion of Korea, be established to

- 94 -

(1) assume the function hitherto exercised
by the present United Nations Commission
on Korea;

(2) represent the United Nations in bringing
about the establishment of a unified, indepen-
dent and democratic government of all Korea;

(3) exercise such responsibilities in
connexion with relief and rehabilitation
in Korea as may be determined by the General
Assembly after receiving the recommendation
of the Economic and Social Council. The
United Nations Commission for the Unifica-
tion and Rehabilitation of Korea should
proceed to Korea and begin to carry out its
functions as soon as possible;

(b) Pending the arrival in Korea of the United
Nations Commission for the Unification and
Rehabilitation of Korea, the Governments of the
States represented on the Commission should form
an Interim Committee composed of representatives
meeting at the seat of the United Nations to
consult with and advise the United Nations Unified
Command in the light of the above recommendations;
the Interim Committee should begin to function
immediately upon the approval of the present
resolution by the General Assembly;

(c) The Commission shall render a report to the
next regular session of the General Assembly and
to any prior special session which might be called
to consider the subject-matter of the present
resolution, and shall render such interim reports
as it may deem appropriate to the Secretary-General
for transmission to Members;

The General Assembly furthermore,

Mindful of the fact that at the end of the present
hostilities the task of rehabilitating the Korean
economy will be of great magnitude,

3. Requests the Economic and Social Council, in
consultation with the specialized agencies, to develop

- 95 -

plans for relief and rehabilitation on the termination
of hostilities and to report to the General Assembly
within three weeks of the adoption of the present
resolution by the General Assembly;

4.   Also recommends the Economic and Social Council
to expedite the study of long-term measures to promote
the economic development and social progress of Korea,
and meanwhile to draw the attention of the authorities
which decide requests for technical assistance to the
urgent and special necessity of affording such
assistance to Korea;

5.   Expresses its appreciation of the services rendered
by the members of the United Nations Commission on
Korea in the performance of their important and difficult
task;

6.   Requests the Secretary-General to provide the
United Nations Commission for the Unification and
Rehabilitation of Korea with adequate staff and
facilities, including technical advisors as required;
and authorizes the Secretary-General to pay the expenses
and per diem of a representative and alternate from
each of the States members of the Commission.

                          Adopted at 294th Plenary
                          Meeting, 7 October 1950

- 96 -

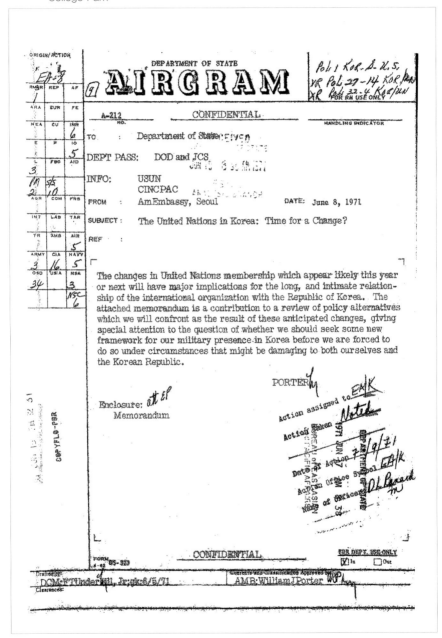

DEPARTMENT OF STATE

AIRGRAM

POL 1 KOR-S-U.S.
XR POL 27-14 KOR/UN
XR POL 32-4 KOR/UN
FOR RM USE ONLY

A-212 CONFIDENTIAL
NO.

HANDLING INDICATOR

TO : Department of State

DEPT PASS: DOD and JCS

INFO: USUN
CINCPAC

FROM : AmEmbassy, Seoul DATE: June 8, 1971

SUBJECT: The United Nations in Korea: Time for a Change?

REF :

The changes in United Nations membership which appear likely this year or next will have major implications for the long, and intimate relationship of the international organization with the Republic of Korea. The attached memorandum is a contribution to a review of policy alternatives which we will confront as the result of these anticipated changes, giving special attention to the question of whether we should seek some new framework for our military presence in Korea before we are forced to do so under circumstances that might be damaging to both ourselves and the Korean Republic.

PORTER

Enclosure:
Memorandum

Action assigned to EA/K

CONFIDENTIAL

FORM DS-323
4-62

FOR DEPT USE ONLY
☒ In ☐ Out

Drafted by:
DCM:FTUnderhill, Jr:gk:6/5/71

Contents and Classification Approved by:
AMB:WilliamJPorter

Clearances:

CONFIDENTIAL

THE UNITED STATES AND THE UNITED NATIONS IN KOREA

The American role in the Republic of Korea since 1946 has been
linked intimately with the United Nations. The United Nations presence,
represented by the U.N. Command and UNCURK, has for two decades
played an important role in maintaining the peace in the Korean
peninsula and demonstrating international concern for the unification
of the Korean nation. The prospect of admission to the UN of the
Chinese People's Republic, the growing sentiment for universality in
UN membership, and the changes in the power relationship between
Japan, China, and the U.S. and the USSR, all suggest the need for a
review of the capacity of the UN to continue to play such a role. This
memorandum reviews the case for holding to our established position
on this question and the counter arguments for change.

I.

The following benefits have in the past been seen as flowing from the
present UN Command structure.

- The UN Command provides a politically useful coloration
  for a United States presence in Korea.

- The UN Command provides an aegis for additional UN Forces
  if the 1953 armistice should break down.

- A UN Command gives the U.S. basis for representing the
  Korean case at the UN.

- Operational control of Korean forces exercised by the UN
  Command helps to prevent large scale incursions or punitive
  actions by the Republic of Korea forces, and provides a
  channel of some influence on domestic political developments.

- The UNC, through the Military Armistice Commission (MAC)
  serves as a channel of communication with North Korea, and
  provides a safety valve for North Korean hostilities to vent
  in words rather than actions.

CONFIDENTIAL

CONFIDENTIAL

The following negative results are seen as flowing from an abolition
of the Command.

- It would damage the validity of the armistice agreement since
the UNC is a signatory of the agreement.

- It would adversely affect U.S. staging and logistic rights
through Japan.

- It would free the sixteen Allies of the Korean conflict of a
residual obligation to assist the ROK in the event of renewed
hostilities.

- According to the Japanese Minister in Seoul, the UNC presence
is useful in reassuring the Korean people that they have nothing
to fear from steadily expanding Japanese investments in this
country. Ending of the Command and removal of the UN
presence would make the Koreans feel exposed, and arouse
concern over being swallowed by Japan that would find
expression in anti-Japanese political acts.

II.

The following arguments are advanced for continuation of the United
Nations Commission for the Unification and Rehabilitation of Korea
(UNCURK).

- It provides a continuing evidence of UN interest in and
responsibility for the eventual reunification of Korea.

- In its role as an official observer of Korean elections,
UNCURK makes some contribution to the orderly and honest
determination of the public will.

CONFIDENTIAL

CONFIDENTIAL

III.

The following arguments might be advanced in support of the thesis that the UN presence, once very important, is no longer a significant factor in maintaining the peace, that the illusion that it does is perhaps damaging, and that changes should be made.

The events of the past twenty years have brought fundamental changes in the relationship between the Republic of Korea and the United Nations. These changes are reflected in three areas:

A) The Republic of Korea as a special responsibility and charge of the United Nations;

B) The UN as the agency for bringing about the reunification of Korea;

C) And the UN as the agency for providing physical security for the Republic.

The ROK has far outgrown its 1948 status as a helpless ward of the UN. It is now wealthier, more advanced politically, and vastly stronger militarily than dozens of members of the international organization. The UN also is a different body. Over half of its present membership was not in the UN in 1950, and it is doubtful that anything approaching a majority today feels any continuing special responsibility for the Republic of Korea. The "Korean question" has become an annual ritual, but today's UN is unlikely to take any new, positive action in the ROK interest, and may well admit North Korea under the principle of universality.

The UN as an agent for bringing about Korean unification has also been overtaken by time, by the changing composition of the UN, and by a new range of international problems and priorities. It seems completely unrealistic today to see UNCURK playing any significant

CONFIDENTIAL

CONFIDENTIAL

unification role, or any of the nations represented on UNCURK
jeopardizing significant national interests of their own in resolute
support of Korean unification. The Commission exists because its
purpose is worthy, because of the inertial momentum, once launched,
of all international committees, because its members find it a low-
cost or no-cost way of pleasing their American ally, and because it
confers certain useful privileges on their resident diplomats like
access to Korean polling places every four years and use of the PX
and commissary.

The UN as an aegis for international cooperation in providing for the
physical security of the Republic of Korea has also eroded steadily
during the past eighteen years. One after another of the Allies have
withdrawn its forces and some have made, or are in the process of
making, accommodation with the People's Republic of China, if not
with North Korea. Of the original fifteen countries fighting with us
there are now seven left, represented by 208 troops (80 percent of
them Thai). We pay for travel to and from Korea and provide in-
country support for the Thais, Filipinos, Ethiopians, and Turks out
of Korean MAP funds, creating the presumption that they would not
be here if we were not picking up the tab. It is highly problematical
that the UN of today would revalidate the mandate that was given to
the United States in 1950, and it is equally doubtful that there would
be many of the fifteen Allies who would recommit significant forces
if a conflict should break out again. The United Nations Command
represents therefore a symbolic international commitment to Korea
that has in the passage of years been drained of any real content.
It would vanish if we tried to invoke it.

It might be maintained that the foregoing arguments demolish a straw
man, that the declining validity of the UN role in Korea has long been
recognized, but that nevertheless the symbolism, however illusionary,
has been politically and psychologically useful.

We should ask ourselves whether we and the Republic of Korea may
now be the only ones still impressed by this illusion, and whether in
fact persistent adherence to it has not been harmful to us both.

CONFIDENTIAL

CONFIDENTIAL

One area of apparent damage is in the Korean conception of themselves.
The annual ritual of the Korean question in the UN, the presence of
UNCURK, and the continuation of the UN Command perpetuate the
self-image of a weak, handicapped, exposed nation. Despite the
phenomenal economic growth in the past ten years, despite one of
the largest standing armies per capita of any nation in the Free
World, the Korean Government clings to a posture of dependency,
and the importance that the United States (the surrogate guardian)
seems to attach to this UN role reenforces the obsolete self-portrait
of weakness and inadequacy.

All Koreans, of course, do not believe that their country is weak, but
dependency has brought many material benefits, and weakness can be
exploited. The U.S. in its dealings with Korea is trapped therefore
by an illusion that we have helped to perpetuate. We urge self-reliance
and self-sufficiency. We ask the Koreans to assume a greater share of
the burden of their own defense. However, by keeping an American
General as commander-in-chief of the nation's armed forces, and
American officers in symbolic command of the respective Korean
services, as well as by continuing to speak for them in Panmunjom
and New York, we say much more loudly that we regard them as still
incapable of performing for themselves the normal functions of any
sovereign state.

This Korean self-image of weakness and dependency confront us also
in our relations with them in other fields. In textile negotiations,
civil aviation, fisheries, debt repayment, -- in fact in all areas where
we are now attempting to deal with Korea in the normal patterns of
diplomatic intercourse appropriate to their current economic strength,
we find them touchy and resentful because they are not accorded the
concessions and generosity which was appropriate to their condition
twenty years ago.

The illusion has been damaging to the Koreans because it has disposed
them to believe not only that Nanny will stay indefinitely in the nursery,
but that Nanny can preserve unchanged the atmosphere of the nursery.
This has helped to produce a rigidity in Korean foreign policy, a
reluctance to accept the changes that are taking place in Asia, and
naive demands that the United States simply prevent them from happening.

CONFIDENTIAL

CONFIDENTIAL

It has also ill-prepared them for diplomatic dealings with other countries which have no feelings of responsibility for the welfare of Korea, and are unwilling to treat them with the indulgence they have become accustomed to expect from us.

The value of operational control of the Korean armed forces is difficult to measure, but whatever its usefulness in the past, it becomes more difficult to justify as Korea grows in strength and as we reduce our military presence and modernize the Korean armed forces. Its importance as a restraint on the Republic of Korea is debatable. It could be held that the fundamental restraint comes from a Korean realization that they could neither march north nor defend themselves from a Chinese or Russian supported North Korean attack on their own, and that the way in which hostilities resumed would have a vital bearing on the American response. In such an event, operational control would, if surrendered, be thrust upon us again in any case. It could also be argued that operational control might encourage North Korean incidents or incursions short of an all-out attack because the North would assume that the American commander, responsive to broader U.S. interests, might restrain prompt and vigorous, but limited ROK retaliation.

It is often said that the Koreans would be demoralized and lose hope if any fundamental changes were made in the Command structure or UN presence. This view perhaps underestimates the toughness and pragmatism of the Koreans. They put on a harrowing display of demoralization when they were told last year that we intended to reduce U.S. troop strength. Once it became clear, however, that we were firm, they got up, wiped the foam from their lips, dusted off their clothes in a matter of fact, you-can't-blame-us-for-trying manner, and adjusted to the new reality.

IV.

Even accepting the validity of all of the foregoing reasons for a change, it might be argued that there is one fundamental consideration that makes all of the drawbacks of the present situation bearable and

CONFIDENTIAL

CONFIDENTIAL

acceptable. That is that the present arrangements have maintained
peace in the Korean peninsula for eighteen years, and that any
fundamental changes might upset the sensitive and critical balance
between war and peace. This hitherto overriding argument against
change should also be examined in the light of present day realities.

Considering the role of the UN in international life today, does the
UN flag now make any significant contribution to maintaining the
armistice in Korea? If we think it does, where does it stand in order
of influence when it is weighed with the economic, political and
military strength of the Republic of Korea, the deterrent effect of
American military strength, the Chinese-Soviet split, and the
possibility of a remilitarized Japan? Would a modification, even
the removal of the UN presence, subtract any operative factor from
today's power equation?

Hanging over a discussion of the pros and cons of a continued UN and
UNCURK presence is the possibility that they may be challenged and
removed whatever our preferences might be. Would we use the
veto in the Security Council to protect the UN Command? Would it be
more in the interest of Korea and the U.S. to take the initiative, and
move together to a new posture of cooperative defense more in keeping
with international reality? Or should we wait for the change to be imposed?

Bureaucratic inertia would favor the latter course since it is easier
to fix blame for the consequences of action than of a failure to act, but
if we should decide on a change, there are a variety of scenarios that
would suspend in a rational and politically undamaging way the symbolic
UN presence in Korea. The prospect of unification now seems so far
in the future that we might encourage the ROKG to ask the UN to suspend
in-country operations of UNCURK until there was enough progress to
make the services of an intermediary body useful. With regard to the
Command, we might, after consultation with the Korean Government,
announce that the strength of the Republic of Korea and the reduced
level of tension in the Korean peninsula had made it possible to
withdraw the UN Command from Korea; that a skeletal command
structure would remain behind in case a return was necessary; but
that all responsibility for maintaining the armistice had been delegated

CONFIDENTIAL

CONFIDENTIAL

to the Republic of Korea. Prior to this announcement we would
name a Korean general officer the Senior Member of the Armistice
Commission.

The withdrawal of the UN Command would, of course, change
the relationship between the American military commander and the
Korean Government. The former's operational control of the Korean
armed forces would be terminated and he would assume the supportive
role of the Commander of U.S. Forces stationed elsewhere in foreign
countries.

The foregoing suggestion is illustrative, and there are of course
obvious obstacles, among them the fact that the ROK is not a signatory
of the armistice agreement. They are not, however, insurmountable
if we decide that we should change this aspect of our presence here.

[자료 3] "Memorandum from Kissinger to Nixon", November. 1971, Department of State, 2006, *Foreign Relations of United States 1969–1976*, Vol. XVII China 1969–1972, Washington DC, United States Government Printing Office,

164. Memorandum From the President's Assistant for National Security Affairs (Kissinger) to President Nixon[1]

Washington, November 1971.

SUBJECT

My October China Visit: Discussions of the Issues

Chronology

Prime Minister Chou En-lai and I held very intensive substantive discussions for some twenty-five hours, building on the solid base that we had established in our July conversations. We had an additional five hours of talks at two banquets that he hosted for us and I spent many more sightseeing hours with Marshal Yeh Chien-ying, Vice Chairman of the Military Affairs Commission of the Chinese Communist Party, and Chi Peng-fei, Acting Foreign Minister, and other officials which lent greater insight into Chinese thinking.

(Attached at Tab A is a list of my meetings with Chou; at Tab B is a full itinerary of our stay, including all meetings and sightseeing tours.)[2]

Chou and I met ten times at the Great Hall of the People and our guest house. The opening general session included all my substantive assistants plus Messrs. Chapin and Hughes on our side; our other meetings were private, with usually only one assistant on our side. On the Chinese side, Chou was generally flanked by Acting Foreign Minister Chi, their top American expert in their Foreign Ministry, Chang Wen-chin, the secretary to the Prime Minister, Hsuing Hsiang-hui, the Deputy Chief of Protocol, Wang Hai-jung, plus interpreters and notetakers.

The first session on the afternoon of our arrival, October 20, was devoted to general philosophy, our overall approach to the People's Republic of China, the agenda for our discussions, and the major questions concerning your forthcoming trip. This was followed by over ten hours of very intense discussions in three meetings on Thursday and Friday, at which, in addition to your trip, we explored the major issues

---

[1] Source: National Archives, Nixon Presidential Materials, NSC Files, Box 1035, Files for the President—China Material, China, HAK's October 1971 Visit. Top Secret; Sensitive; Exclusively Eyes Only. Sent for information. Dated "11/71." This text is 45 pages long; a 32-page version is ibid., RG 59, S/S Files: Lot 73 D 443, Personal Papers of William P. Rogers, China. This version is edited much the same way as Kissinger's report on his July 1971 visit to the PRC (see footnote 1, Document 144) and also lacks references to progress toward a Sino-American communiqué.

[2] Both are attached but not printed.

[중략]

time." In any event these personnel were building the road at the request of the "neutralists" and would all leave when the job was done.

In our last meeting Chou made the rather remarkable comment that he believed we "genuinely want a peaceful settlement."

Hopefully this issue will have been transformed by the time you go to Peking. We cannot expect Peking to lean hard on its friends. We can expect it to help tip the balance for a negotiated settlement if the other objective realities move Hanoi toward a bargain. If so, Peking will have incentives to encourage North Vietnamese compliance. On the other hand, if the conflict continues, Peking (and Moscow) will not want to see a major offensive—and our reaction—shadowing the summit. Thus the situation on the ground, and our declining role should provide a relatively quiet setting. And the communiqué draft has Peking backing its friends in inoffensive language while we emphasize a negotiated settlement.

Korea

Chou devoted considerable time and passion to this subject, which he placed as number three on the agenda. In East Asia, the three principal "powder kegs," in his view, were Taiwan, Indochina and Korea, with the last two the most urgent. (This had some quality of being for the record to prove loyalty to allies.)

He opened his presentation on the afternoon of October 22 by regretting, as he had in July, that the 1954 Geneva Conference had not settled the Korean question. A ceasefire had been reached but no treaty had been concluded and a serious crisis could therefore arise. He said that the Panmunjom meetings had gotten nowhere, that North Korea had no participation in the UN debate, and that North Korea could participate in UNCURK only under unacceptable conditions. He noted with approval the recent opening of talks between the Red Cross Societies of North and South Korea, and I pointed out that we had helped this process along since the July talks.

Chou continued as follows:

—U.S. military forces should withdraw from South Korea as Chinese forces had done in 1958. He acknowledged that we had already taken out a third of our troops and said that we had paid a great price to do it, i.e., extensive military assistance.
—The 1965 treaty with Japan was even more serious and there was the possibility that Japanese military forces would replace American ones. Officers of Japanese self-defense troops had been going to Korea (I had checked on this since July and Chou was indeed correct).
—If there were increased military strength and hostilities after we withdrew this could not but directly affect relaxation of tension in the Far East.
—Their Korean friends were "most tense" and this could not but affect the Chinese government and people.

Chou then handed over a list of eight points from the North Korean government, published in April 1971. This document is a generally abusive series of demands upon us to withdraw our forces and military support for Korea, give North Korea equal status, prevent Japanese influence, disband UNCURK, leave the Korean question to the Koreans themselves, and let North Korea participate in the UN debate unconditionally. Chou reaffirmed the importance of this question and noted that while big China could live with the problem of its divided status for a while, the PRC could not ask its smaller friends, Vietnam and Korea, to be so patient.

I retorted in extremely sharp fashion. I said that the Nixon Administration was dedicated to improving relations and easing tensions in East Asia, but we reject the translation of this goal into a series of unilateral demands upon us. We were prepared to set certain directions, but we could not accept a paper which listed all the things that the U.S. "must" do and called our ally a "puppet." The PRC had never done this, and we respected it for standing by its friends. But it was important for North Korea, as it was for North Vietnam, to show some of the largeness of spirit of its large ally.

Chou backed off from the abusive language, stating that it was "firing empty guns." I said that the substance was more important in any event. I informed him that we had received a communication from North Korea, through Romania, earlier this year and had responded in a conciliatory fashion but had heard no more. I then clarified what the objectives in the peninsula should be. We were prepared to discuss the possibility of a more permanent legal basis for the existing situation in Korea, but we were not interested in a legal situation that made the reopening of hostilities possible (i.e. we would not scrap present arrangements so as to invite aggression). When I noted that our ultimate objective was the reduction of U.S. forces in Korea, Chou again raised the fear of Japanese troops replacing ours. I assured him that our policy here was the same as on Taiwan, namely that it was not our objective to replace our forces with Japanese self-defense forces and that we were opposed generally to the military expansion of Japan. Chou declared that the PRC attached great importance to that statement.

I then pressed Chou further to clarify Chinese objectives. I said that if their goals were to bring about stability in the peninsula, avert war, and lessen the danger of the expansion of other powers, then Chinese and American interests were quite parallel. If, on the other hand, their goals were to undermine the existing government in South Korea and make it easier for North Korea to attack or bring pressure upon the South, then a different situation existed.

In response to his inquiries, I made clear that we would not encourage South Korean attacks against the North, and in the case of clear

South Korean aggression, our mutual defense treaty would not apply. I also said that we were already reviewing the UNCURK question and that we recognized North Korea as a fact of life. Chou stressed that the PRC was interested in equal legal status for both Koreas. Unification should be left to the future.

In our further exchanges I said that it was our policy:

—not to allow Japanese military forces to enter South Korea to the extent that we could control this;
—as tensions in the Far East diminished the number of U.S. forces would continue to go down and could be expected to be small;
—in any event, we would not allow South Korean military attacks while our forces were there;
—as an end of a complicated process, but not as an immediate objective, we could envisage North Korea as a lawful entity in the UN and elsewhere;
—there was merit in North Korea's having fair representation in discussion about the peninsula;
—as for final reunification, we had not studied this problem but it should be accomplished peacefully.

At the end of our discussion, Chou in effect accepted our position that the issue of Korea would take time but that opinions could be exchanged in the interim. There was some agreement on general objectives although not about specific methods and we had reached no conclusion about the way peaceful reunification should be effected. In addition, we agreed that the two parties in the peninsula should treat each other as equals and that neither one had the exclusive right to unify the country.

Chou again emphasized that keeping Japanese military forces out was paramount. I said that we would attempt to do this, but that if North Korea should start aggression then one could not be sure of the consequences. I made very clear that whatever we could do in Korea depended on North Korean restraint. Chou agreed that all these issues were mutual and that both of us should use our influence with our friends to keep them from military adventures. He cautioned, however, that the era of negotiations, such as the Red Cross meetings, could be the era of "dragging out" and while they would wait on Taiwan, it was harder for their smaller friends to be patient.

In the communiqué draft we agree to disagree. The Chinese back their allies' eight points and call for abolition of UNCURK. We honor our commitments to South Korea and endorse reduced tension and increased communication in the peninsula. These formulations are preferable to a formal joint position that suggests we are negotiating on behalf of our allies.

Japan

In addition to discussing Japan's role in Taiwan and in Korea, reported elsewhere, Chou En-lai and I talked about Japan's future in Asia

China, October 1971–February 1972   719

Prime Minister Chou: That is why we say we are only in the first stage. We don't want to spend too much money. You probably took note of this.

President Nixon: Yes.

Prime Minister Chou: We say that in a very honest way. We don't wish to expand.

The President: I understand. In terms of world peace, I would say that a strong China is in the interests of world peace at this point. I don't mean to suggest that China should change its policy and become a superpower. But a strong China can help provide the balance of power in this key part of the world—that is desperately needed. Then, too, I have a selfish reason—if China could become a second superpower, the US could reduce its own armaments. (PM Chou laughs.)

Prime Minister Chou: You have too much confidence in us. We don't want to.

We can meet again tomorrow at 2:00 p.m.

---

197.   Memorandum of Conversation[1]

Beijing, February 23, 1972, 2–6 p.m.

PARTICIPANTS

The President
Dr. Henry A. Kissinger, Assistant to the President for National Security Affairs
John H. Holdridge, NSC Staff
Winston Lord, NSC Staff

Prime Minister Chou En-lai
Ch'iao Kuan-hua, Vice Minister of Foreign Affairs
Chang Wen-chin, Director of Western Europe, North American, and Australasian
   Affairs, Ministry of Foreign Affairs
Wang Hai-jung, Deputy Director of Protocol
Chao Chi-hua, Ministry of Foreign Affairs
Chi Chao-chu, Interpreter
T'ang Wen-sheng, Interpreter
Two Notetakers

---

[1] Source: National Archives, Nixon Presidential Materials, White House Special Files, President's Office Files, Box 87, Memoranda for the President. Top Secret; Sensitive; Exclusively Eyes Only. The meeting was held in the President's Guest House.

[중략]

after military victory over the enemy. In the whole poem there is not one word about the enemy; it was very difficult to write the poem.

President Nixon: Of course, I believe it is very useful to think in philosophic terms. Too often we look at problems of the world from the point of view of tactics. We take the short view. If those who wrote that poem took the short view, you would not be here today. It is essential to look at the world not just in terms of immediate diplomatic battles and decisions but the great forces that move the world. Maybe we have some disagreements, but we know there will be changes, and we know that there can be a better, and I trust safer, world for our two peoples regardless of differences if we can find common ground. As the Prime Minister and I both have emphasized in our public toasts and in our private meetings, the world can be a better and more peaceful place.

I think one thing which Dr. Kissinger has greatly contributed in his services to my administration is his philosophic view. He takes the long view, which is something I try to do also, except sometimes my schedule is so filled with practical matters and decisions on domestic and foreign policy that I don't have as much time to take the long view as he does.

I think if we could ... incidentally, I should mention to the Prime Minister he can be sure that if we survive the next political battle, as we hope and expect to do, I will still have Dr. Kissinger with me.[11] He can't afford to stay, but I can't afford to have him leave, because the book he would write would tell too much. (Prime Minister Chou laughs)

Prime Minister Chou: Yes, indeed, I think it would be better if he remained (to Dr. Kissinger). Yes, if it is your wish to promote the normalization of relations between China and the United States and if you left before fulfilling that mission, just to write a mere book, that would not be in accord with your philosophy.

Dr. Kissinger: I will not leave as long as the President thinks I can be of service and I will not write a book in any event.

President Nixon: I will amend that in one way. I will authorize him to write a book, but he must write poetry.

Prime Minister Chou: Write poetry; I like that. That would be good.

Dr. Kissinger: Because of my Germanic origin it would be 400 pages. (Prime Minister Chou laughs)

Prime Minister Chou: As for the question of Korea, we know of course your ideas, and of course you also know our ideas. First, the

---

[11] All ellipses are in the source text.

official policy of the President is that he is prepared to finally withdraw troops from Korea in the future, and also to prevent the entry of Japanese forces into South Korea because this would not be beneficial to the cause of peace in the Far East. How does one promote contacts between North and South Korea? How does one promote peaceful reunification? That question will take a long time.

President Nixon: What is important here is that both of us exert influence to restrain our allies.

Let me give you an historical note. In 1953, in my first trip around the world as Vice President, President Eisenhower gave me a long oral message for Syngman Rhee. Syngman Rhee was thinking of going north and I had the unpleasant duty to tell him that he couldn't go, and that if he did we wouldn't support him. I remember Syngman Rhee cried when I told him. I was the one that kept Syngman Rhee from going north. Of course, I was the agent of President Eisenhower, his Vice President. This story has never been told before.

Prime Minister Chou: Yes, and the characteristics of Syngman Rhee as you just now described are also similar to what we have heard about him.

President Nixon: Similar to what?

Dr. Kissinger: What he had heard about him.

Prime Minister Chou: A few years after that he left the scene.

President Nixon: The Koreans, both the North and the South, are emotionally impulsive people. It is important that both of us exert influence to see that these impulses, and their belligerency, don't create incidents which would embarrass our two countries. It would be silly, and unreasonable to have the Korean peninsula be the scene of a conflict between our two governments. It happened once, and it must never happen again. I think that with the Prime Minister and I working together we can prevent this.

Prime Minister Chou: The thing is also to promote their contacts.

President Nixon: Like the Red Cross and political contacts.

Prime Minister Chou: And we think also it will be good when the day comes that the United Nations Commission for Unification and Rehabilitation of Korea should be able to end its life. That would be a good thing.

Dr. Kissinger: We are examining this question, Mr. President.

President Nixon: You raised that with Dr. Kissinger, and we are looking into it.

With regard to Japan, I must emphasize what I said yesterday. It is our policy to discourage Japan from any military intervention in Korea, but the extent to which we are able to implement that policy will depend on the extent to which we maintain close relations with Japan.

Dr. Kissinger: Exactly. That was partly a result of our discussion.

Prime Minister Chou: And so if the Soviet Union itself all alone wants to create a tense situation how can they do that? That is why they are now trying to create a great atmosphere of relaxation in Moscow. In Moscow they are saying to their people that China is doing this or that, but in our country they are trying it by stories of relaxation and . . . That is not what we do. If there is tension, there is tension. If there is not, there is not. We don't mix it up.

233.   Memorandum of Conversation[1]

Beijing, June 22, 1972, 3:58–6:35 p.m.

PARTICIPANTS

   Prime Minister Chou En-lai
   Ch'iao Kuan-hua, Vice Foreign Minister
   Chang Wen-chin, Assistant Foreign Minister (4:40 p.m. to conclusion)
   Wang Hai-jung, Assistant Foreign Minister
   Chi Chao-chu, Interpreter
   Tang Wen-sheng, Interpreter
   Two Notetakers

   Dr. Henry A. Kissinger, Assistant to the President for National Security Affairs
   Winston Lord, NSC Staff
   Jonathan T. Howe, NSC Staff

Prime Minister Chou: I read your President's article which was published recently in the *U.S. News and World Report*.[2] Have you read it?

Dr. Kissinger: Yes.

---

[1] Source: National Archives, Nixon Presidential Materials, NSC Files, Kissinger Office Files, Box 97, Country Files–Far East, China, Dr. Kissinger's Visit June 1972 Memcons (Originals). Top Secret; Sensitive; Exclusively Eyes Only. The meeting was held at a "Guest House (near Villa #5)." Kissinger and Chou also met from 7:10 to 7:35 p.m. on a boat near the Summer Palace. They discussed the first Sino-Japanese War, the Russo-Japanese War, the history of imperialism, and the Communist Party in China. A final meeting was held from 11:03 p.m. on June 22 to 12:55 a.m., June 23. During this meeting, Kissinger and Chou largely reiterated the points made in their earlier meetings. These memoranda of conversation are ibid. See *Foreign Relations, 1969–1976*, vol. E–13, Documents 145 and 146.

[2] Reference is to Richard M. Nixon, "The Real Road to Peace," *U.S. News and World Report*, June 26, 1972, pp. 32–41.

[중략]

PM Chou: After Chairman Mao said neither China nor the U.S. should engage in a war with each other and threaten each other, then Chairman Mao said nor will China threaten Japan, nor South Korea. The actual situation was the Chairman first said China and the U.S. should not engage in a war with each other. President Nixon said the two countries should not threaten each other. Then Chairman Mao said China will not threaten Japan nor Korea.

Dr. Kissinger: I remember that.

PM Chou: So it is very clear we will not encourage a military re-unification of Korea. So we say to you, as a matter of principle, your armed forces should be withdrawn from Korea. By withdrawing you should also guarantee that after you withdraw from South Korea you should not let the Japanese go into South Korea soon. A period of time is required. On this point alone it is similar to that of Taiwan.

Dr. Kissinger: Yes.

Ch'iao: But according to reports from the Japanese press, it is said that on the Joint Communiqué between President Nixon and Sato stip-ulating that the situation of Korea involves Japan's security, after Pres-ident Nixon's visit to China the Taiwan clause should no longer be valid. That was when you were visiting Japan. But the Japanese paper said Dr. Kissinger—it did not directly quote from you but it had some-thing to do with you . . . indirectly—said that the South Korean clause remained in effect.

Dr. Kissinger: The Japanese said that to me. I did not say it to them. They said to me, almost every faction I spoke to, the view that while on Taiwan they are confused, on Korea they expressed the view to me that their security was very closely bound up with the security of Ko-rea and that therefore this was a very special case. I expressed no view to them. And as I told the Prime Minister, we will not encourage the Japanese to play a military role in Korea. Indeed, we will oppose it. For that reason it is also important that, while we can accept the prin-ciple of an ultimate withdrawal from Korea, the Prime Minister's for-mulation is understood, that there should be a period of time, because otherwise the Japanese will almost certainly move in.

But we will keep our understandings. We will not encourage the Japanese into a military role outside their territory.

PM Chou: And at the same time you should not encourage the South Korean authorities to make military provocations against North Korea but encourage the peaceful contacts.

Dr. Kissinger: We will discourage military provocations and en-courage peaceful contacts.

PM Chou: So far as we know, South Korea is quite strong militar-ily now. And they are tempered in battle. You have withdrawn 20,000 forces but leave your weapons behind; thus they are becoming further strengthened. And so is it not possible for you not to give them too much arms? Because if you were to do so the result would be we would also have to give more weapons to the Democratic Republic of Korea and wouldn't that result in arms competition then?

Dr. Kissinger: I will look into that question. We have a current program which is difficult to change. There is two more years to go. But we can avoid making new commitments, particularly if we have an informal understanding of mutual restraint in giving arms.

PM Chou: Yes, and in that way we could encourage them in their peaceful contacts. And then about—we discussed the question of the UNCURK. That Commission could be abolished because every time it appears in the General Assembly we have a quarrel, and if it appears in the Security Council we veto it.

Dr. Kissinger: What is the Prime Minister's idea with respect to Korea in the UN this year?

PM Chou: I think it would be best if the UNCURK could be abolished this year. Because otherwise the Republic of Korea observer comes.

Dr. Kissinger: What is your position if the Korea question would appear this year on the agenda?

PM Chou: It is on the agenda every year?

Dr. Kissinger: Last year it was postponed, and we believe actually it would be useful to postpone it for another year because it would work counter to encouraging a peaceful contact if the two Koreas engage in a tremendous brawl at the UN, as well as if you and we did. And we could look after the election into the question of abolishing UNCURK.

PM Chou: Our tendency is to abolish the UNCURK this year. Is that possible?

Dr. Kissinger: It would be very difficult especially if the debate is . . . I think it would be very difficult.

PM Chou: Because with that UNCURK existing it is an object of hostility toward one side. And countries who sympathize with the Democratic Republic of Korea will put forth resolutions to oppose it.

Dr. Kissinger: If it appears before our election, we will have no choice except to make a major opposition.

PM Chou: We will stand on opposite sides.

Dr. Kissinger: The Assembly goes until Christmas so the item could be postponed until November. (laughter) Or it could be after November 10 (Chou laughs). I suspect he [Ch'iao] is going to fire a lot of empty cannons (laughter).

PM Chou: It is good to know about your intentions. But it does prove that from last year until now it is beneficial to see to it that the atmosphere of Korea is not so tense.

Dr. Kissinger: Yes, that is one of the good results of our encounter.

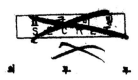

외   무   부

방연 731.1   1972. 4. 19.

수 신 : 외무부 장관

제 목 : 장관 방미시 유엔관계 면담 자료 송부

　　　　장관님의 금번 유럽 및 미주은 방문시 미국무장관 등 미국측과
극우송외 유엔대책에 관하여 말씀하실 면담 자료를 별첨과 같이 보내드리
오니 참고 하시기 바랍니다.

첨 부 : 상기 면담 자료 1부.   끝.

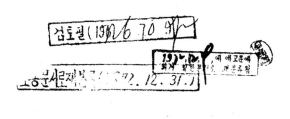

외   무   부   차   관

249

장관 방미시 유·에관계 면담 자료

1. 제 27차 총회 한국문제에 대한 미국측 태도

   작년 총회 이래 현재가지 뉴욕, 서울, 워싱톤에서 한·미 예비
   접촉 내용을 종합하면,

   가. 미국은 5월중으로 제27차 총회 한국문제 대책에 관한 최종
      결정을 내릴 예정으로 보이며,

   나. 이를 위하여 27차에서 토의를 연기 하느냐, 전면 토의를
      하느냐의 문제와 한국문제에 관련된 광범위한 정책 검토를
      진행중이라고 합니다.

   다. 특히 미국무성이 언커크(개편 또는 기능정지) 등 본질문제가
      포함된 장기적인 정책 재검토를 시사하고 있음에 비추어
      금추총회에서는 토의 연기대신 전면 토의를 시도할 가능성이
      있는 것으로 보입니다.

   라. 이와 관련하여 Phillips 대사가 28차 에도 토의연기할 작정
      인가하고 아측에 문의한 것은 중요한 점이라고 생각 됩니다.

2. 주요 면담 사항

   가. 금번 장관님의 국무성당국과의 회담은 미국이 금명간 내릴 한국
      문제 대책 결정에 중대한 영향을 미칠것이 예상 됩니다.

   나. 이러한 중대한 시점에서 재회되는 금번 회담인 만큼 금추총회
      에서 토의 연기를 추진하려는 정부의 입장과 이유를 미측에
      강력히 납득시키심으로서 차제에 금추총회 대책에 관한 한, 미

250

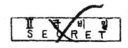

X 간의 최종 정책 합의가 이루어 지도록 하셔야 할 것이며, 미국이 건면 토의로 방침을 굳히지 않도록 설득하셔야 될 것입니다.

나. 기반 뉴욕에서의 한미협의 시 미국측은 만일 한국측이 28차 총회 또는 그 이후까지 토의 연기를 되풀이 할 것을 주장 하지 않고 오직 금추총회에 한하여 토의 연기를 희망한다면 이를 받아 드릴 ~~수 있는듯한 간접적인 시사를 한 바 있음.~~ 금후~~의 추가~~금후 회담시 미국측에 대하여 ~~한국 정부의 토의 연기 희망이 금추총회에 국한된 것~~ 이라는 점을 명백히 하사도 이를 강력히 설득하신다면 미국이 이를 받아 드릴 가능성이 있는 것으로 사료 됩니다.

다. 미국측은 금번 회담에서 금추총회 대책 뿐 아니라 보다 그차적이고 장기적인 한국문제 대책을 제기할 가능성도 있읍니다.

3. 금번 토의 연기 추진의 rationale 로 가장 적합하다고 사료되는 사항은 아래와 같습니다.

가。 중공의 유엔 참여후 상당수의 서방국가들은 중공에 접근정책을 고려하여 한국문제를 건면 토의 함으로써 양자 택일의 입장에 서게 되는 것을 원하지 않고 있으며, 따라서 한국문제 토의 연기는 26차서 보다도 오히려 더 바람직하다는 입장인 것 이다. ~~것입니다.~~ (이점 일본, 놀웨이 등의 비공식 견해 표명이 있었으며, 아.아 중립 국가들 중에도 이러한 입장에 놓인 국가가 많을 것입니다.)

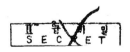

나. 현재 방한중인 Norway 굽입대사의 말에 의하면 Norway
　 의 북경주재 대사가 중공 및 북괴측과 접촉하여 본 결과
　 그들은 금추총회에서 한국문제를 두고 대한민국과 대결하기를
　 원하지 않을 것 같다는 인상을 받았다고 합니다. (이는 한국
　 문제로 중공이 유엔에서 패배를 맞고 기를 원치 않으므로 중공이
　 북괴를 설득 시키고 있지 않나 추측 됩니다.)

다. 남북 적십자 회담은 금추총회 시까지 상당한 진전을 이룩할
　 것으로 기대되므로 동 회담의 진전을 저해하지 않기 위하여
　 한국문제를 둘러싼 유엔에서의 상호 대립, 비난과 무익한
　 토의는 피하는 것이 바람직하다. (이점 거의 모든 국가가
　 27차 토의 연기의 가장 설득력있는 이유로 삼고 있음이
　 나타나고 있음)

라. 현재 영국, 일본, 북구 등 모든 선진국가가 토의 연기에 찬성
　 할 것이 직접, 간접 또는 비공식으로 알려지고 오직 불란서
　 만이 아직 태도 결정을 하지 않고 있다고 볼 수 있으므로
　 이러한 태세하에서 미국이 아국의 입장을 지지할 것을 당연히
　 기대한다.

마. 운영위원회에서 우리 입장을 지지하는 국가가 최소한 13개국
　 이상 입후보 하도록 공동으로 적극 교섭하면 토의 연기안은
　 무난히 채택될 수 있다.

바. 정부가 2월 - 3월간 아프리카 및 중남비 26개국에 파견한
　 사절단의 순방 결과가 대담히 고무적이며, 현재외 assessment
　 로는 약 4개국(Malta, Cameroon, Pakistan, 중공)만이
　 해도 악화가 예상됨으로 26차의 40여 토의 포작를 유지

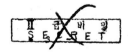

할 수 없다고 보여 진다.

5. **안.미 협의에 관련된 참고 사항**

가. **미국 관계**

(1) 주한 미국대사급 혹은 금년 1월으로부터 금후등회에 떠떠안 안.미 협의의 조속한 개시를 희망하는 동시 오해 연기가 안되는 경우의 contingency plan 수립을 누어 강조 한 바 있음.

(2) 미국무성 혹은 3월은 국무성이 재떼 참석, 오해 연기 방식 과 더불어 언쩨로 지연 또는 언쩨로 기능회 관정적 경제 등 본질문제에 끝하여 검도중 있을 시사 하였음.

(3) 금번 안.미 협의에서 미국은,

- 오해 연기 수건 여부는 운영위 구성, 총.소 및 북제 메도 등 유통적 오소를 발며앞아 발설 미정

- 28차 이후에도 한국측이 오해 연기를 추건할 것인지 문제

- 미국이 한국문제 전반에 걸채 contingency plan 을 검도 공임을 시사.

- Vote assessment 에 있어, 어머 악화될 국가 (콩공, 말아, 자떼분, 자끼스딴) 외에도 불감서, 육구 3개국, 신규 가입 5개국에 떠하여 우떼 묘사.

- 우방국 전략 회답은 안.미국에 관련 앞의가 이두어 질 떼 까지 연기 묘땅.

- 영국, 일본 등 떠른 우방과 개떤 접욕을 자연 예정없을 시사.

283

4. 일본 관계

3월말 일본 외무성 구연국 경제과장 방한시, 일본으로서는 대중공 관계가 미묘하므로 한국문제로 인한 경면 대결보다 요의 연기가 바람직하다는 견해를 표명.

마. 영국 관계

지난 2월, 을 회상 방한시, 요의 연기를 희망한다면 이를 지지 한다는 견해를 언약.

바. 불란서 관계

1월 하순 불란서 아주국장 방한시 및 그 이후, 때 중공 관계를 고려하여 요의 연기에 거건할 가능성 표명.

사. 호주 관계

최근 주 유엔 호주대사, 실무자 및 주한 호주 대사는 요의 연기가 용이하지 않을 것이라는 점을 누차 지적.

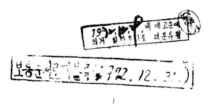

254

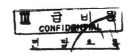

CONFIDENTIAL

면 담 요 록

일 시 : 1972. 5. 18. 12:30 - 13:30시 (오찬 13:30 - 14:30시)

장 소 : 주한 미국대사관 피어스 참사관 관저

참석자 : 아측 : 방교국장, 국제연합과장

미측 : 피어스 참사관, 국무성UNP 킴볼, 국무성 한국과 스티븐, 에오나도 주한미국대사관 2등 서기관

<u>면담요지</u> :

피어스 : 작일 의견교환한 것과 미국대사관이 그동안 받은 information 을 기초로 양국 입장을 요약해 보았는데, 이를 오늘 의견 교환의 자료로 하는게 좋겠다. (별첨 문서별 제시)

킴 볼 : 한국에 도착한 이래 내가 받은 인상을 요약하면 다음과 같다. 즉, 첫째로 남북적십자 회담이 상당히 진지하게 진전을 보고 있고 앞으로 밝은 진전이 기대되고 있다는 인식을 갖게 되었다. 둘째로는 한국측에 있어 오외연기는a necessity 라는 것이다. 즉 남북적십자 회담을 jeorpardize 시키게 않게 위해서, 또한 오청문제에 있어 아측의 약점을 피하게 위해서, 오외 연기가 꼭 필요하다고 생각하고 있음을 알게 되었다. 셋째로는 언커크 문제에 대하여 한국측은 이를 현상태로 교류 (put UNCURK on ice and leave the status guo) 하기를 원하고 있음을 알았다. 한국측은Contingency plan 을 합의할 의사는 없으나 (not willing to look at the contin- gency plan) 미측이 원한다면 오격 한미간에 연구에 나가길 원하고 있으며, 오외 연기에 대하여는 의연 낙관적인 입장에서

CONFIDENTIAL

53,

미국도 오의연거에 major active support를 줄 것을 요망
하고 있다고 본다.

정국장 : 지금이야말로 미국이 그러한 단오한 입장을 보일 시기라고 생각
한다. 언커크 문제에 대하여는 우리는 아직도 충분한 승산이
있다고 보고 있는데 장차 패배할 가능성이 생길 때가 온다면
물론 대안을 진지하게 고려할 용의가 있다.

퍼어스 : 그 시기가 언제라고 생각하는가.

정국장 : 장관께서 이미 부탁은 대사에게 말씀하신바와 같이 표의 승산을
가름하는 것은 누욕이 가장 적합하며 오의연거가 여의치 못하여
바도 그 이후 1,2 개월 여유가 있으므로 그때가서 대책을 강구할
충분한 시간이 있다고 생각한다.

킴 볼 : 한국의 입장은 현시점에서는 Contingency plan 에 과도한
신경을 쓰기를 원하지 않는다는 것으로 안다.

정국장 : 언커크 문제에 관하여 그 개편, 확장, 기능정지 등 몇가지 대안을
연구한 것으로 알고 있는데 (킴볼이 이를 수긍함) 우리도 이들
대안을 검토 하고 있으나 구체적으로 협의하는 시기는 언커크
문제를 두고 아측이 패배할 것이 거의 확실해질 때라고 생각한다.
따라서 우리의 course of action 을 어떠한 방향으로
잡았으면 좋겠다.

한국문제가 금년에는 어렵다는 말을 일부 우방이 하고 있다고
하나 우리의 판단으로는 그러한 우려는 막연한 환상에 불과하며
유·엔에 관한 한 구체적인 상황하에서 실제 표의 계산을 해보지
않으면 현실을 바로 보기 어려운 것이다. 이런 점에서 "퍼어스"
는 특히 항상 비관적인것 같다. 물론 만일 구체적으로 필요한

결과가 비관적이라면 대안을 연구하는 것은 당연한 것이다.

내가 알기로는 국무성이 언커크 문제에 관하여 연구를 하였다는데 그 구체적 내용을 알려주었으면 좋겠다.

오늘 아침 우리 상관들도 Contingency plan 에 관하여 먼저 연구하고 이야기를 꺼낸것이 미국측이니 그 내용을 미측에서 먼저 우리에게 상세히 알려주어야 하지 않겠느냐는 말씀이 있었다. (Peters paper 에 관련하여) 여기 한국의 견해반영 둘째번 표현은 잘못된 것이며 세번째도 우리 입장을 정확히 표현하지 못하였다. 언커크 부분의 표현에는 이의가 없다. 그 다음 미국측 견해반영에 들어가 운영위원회 구성 및 두표 전망이 아직도 매우 불확실 하다는 표현에 대하여도 납득이 가지 않는다.

김 봄 : 사실 확실히 모르겠다. 정책상으로는 표의 연기 전략을 전적으로 지지하는 입장이나 국무성으로서는 작년보다도 그 전망에 관한 것 less confident 한 것이 사실이다. 특히 북괴와 중공이 어떻게 나올 것인가가 아직 불확실하며, 그들의 태도가 다소간에 영향을 줄 것이 사실이기 때문이다. 따라서 만일 무엇을 해야만 한다면 어떻게 해야 할 것인지를 회논함이 필요하다고 생각한다.

정국장 : 불확실하다고 할때 마치 선거에 있어서와 같이 뚜껑을 열어 봐야 안다는 뜻에서 불확실하다는 것이라면 우리도 그에 동감이다. 따라서 지금은 probability 가 높으면 확실하다고 보아야 할 것이다. 왜냐하면 probability 를 관단하여 있어 우리는 금년에 들어 항상 국의 신장에 그릇고

- 3 -

세밀히 토의산을 하기 때문에 정확하며 구체적인 근거에 입각
해 왔다. N.Y. 에서 양 대표부에 매년 토기산을 하였으나
항상 우리 계산이 맞었다는 기록이 있다. 금년에 굴하여도 마찬
가지일 것이다.

피어스 : 그러나 내가 우려하고 있는 것은 만일 불확실한 것을 그때로 믿고
아무런 대안없이 있다가 최후 순간에 패배하여 그때가서 한국
측이 대안을 내놓을 경우, 우방들이 그 대안에 토론 따를 것인가,
아니면 우방간에 의견 차이가 생기지 않을까, 그런 경우의 위험성
에 관하여 걱정하는 것이다.

정국장 : 아무런 대안없이 있자는 것이 아니라 한미간에서는 대안을 생각해
보자는 것은 이미 합의한 바이다. 또한 외무부 지시에 따따
각 재외공관이 우방에 대하여 움직이고 있으며, 최근 보고에 의하면
이미 몇몇 우방은 오의 연기를 위하여 활발히 움직이고 있다.
따라서 우리는 미국도 마침내 움직여 주길 기마리고 있는 형편이다.

김 불 : 국무성에서는 어제 만합바와 같이 두가지 possibilities 를
생각하고 있다. 즉 하나는 만일 오의연기가 안되면 어떻게 할
것인가이고. 다른 하나는 금년에 오의연기가 성공한다면 내년에는
어떻게 할 것인가 이다.

정국장 : 우리가 이미 주 유엔대사를 통하여 명백히 한 것은 오의연기는
오직 금년에만 추진한다는 것이며 이점은 명백하다.

김 불 : 문제는 내년이 금년에 비하여 여건이 더 나빠질 것이 아닌가
하는 것이며, 그렇다면 우리들이 무엇을 하고자 한다면 금년이
더 낮지 않겠는가 하는 것이다.

정국장 : 어제 설명했지만 지금의 상황에서 1년은 우리에게 매우 분
것이며, 1년후면 여러가지 사태 발전으로 미루어 우리에게 묘따

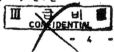

- 4 -

넓은 manoeuvrability 가 생길 것으로 본다.
그러면 28차 총회에서는 보다 flexible 할 수 있을 것이다.

피어스 : 지금 상황하에서 우방들은 호의연기를 위하여 lobbying
하는데 소극적일 것으로 보는데.

정국장 : 미국, 일본등의 lobbying 은 매년 있었지만 거의 80%의
lobbying 은 한국정부가 했다고 본다.
솔직히 말하자면 미국태도에 대하여 다음과 같은 점을 명백히
듣고 싶다. 즉 미국의 Contingency plan 을 세우고자 하는
하는 의도가 토의에 대한 우려때문인가 불연이면 미국의 정책
수행상 필요에서 인가? 만일 정책에 의한 것이라면 미국이 열성히
그 방향으로 회원국들을 설득하면 그대로 될 것이다. 다시 말해서
주은래가 베스튼에게 언커크 구성이 공평치 못하다고 말한것과
같은 중공의 언커크에 대한 태도를 미국이 please 하게 위하여
언커크 대안을 준비하고 이를 미국이 campaign 한다면 미국이
원하는 대로 될 수 있을 것이다. 우리로서는 미국이 의도가 무엇
인지 명확히 하고 싶다.

김 부 : 국무장관이 아니니, 권위 있는 답변을 할 수 없는 입장이지만 내가
말할 수 있는 것은 미국이 한국의 firm friend 이며 그렇기
때문에 무엇이 한국을 위하여 최선의 것인지를 함께 열려하고
있다는 것이다. 북경에서 일어난 일이나 미.중공간 관계의 고려
등과는 절대로 아무런 상관이 없음을 밝히고 싶다.

(absolutely nothing to do with what happened in
Peking, or any consideration of US/Peking relations)

마반 유엔의 미국 대표부는 작년 중공문제로 패배한 것 때문에
큰 상처를 받았기 때문에, 우리가 확신히 해두고 싶은 것은 만일

요의 연기가 불가능한 경우 그 다음 대책이 무엇이 될 것인가
하는 것이다. 중국문제와는 달리 stakes in this case
(한국문제) is not very great 이며 설혹 패배한다고 해도
전면 요의서 언마든지 이길 수 있기 때문에 그러한 경우 이기는
방법을 연구하자는 것이다. 국무성 UNP 로서는 미국 혼자
서는 할 수 없으며, 우방국들이 도와주지 않으면 안될다고 보고있다.

정국장 : 그렇다면 내가 국무성에 대하여 하나 suggest 하고 싶다.
즉, 미국의 전 재외공관에 즉시 훈령을 내어 요의연기를 위하여
적극적으로 교섭게 하고 먼저 한국대사와 깊이 판단한 우 보고게
하는 것이다. 거기서 나오는 구체적인 결과에 따라 요의 연기
전망에대한 판단을 하는 것이 어떻겠는가.? 그때가서 정말로
~~구체의 결과~~ 결과가 좋지 않으면 Contingency plan 을
심각히 논의할 수 있을 것이다.

내가 받고 있는 보고에 의하면 우방 수개국이 이미 요의 연기를
위하여 campaign 을 하고 있고 그 결과는 좋다. 그런데
오직 미국만이 아직도 미온적인 것 같다.

킴 볼 : 우리가 요의 연기를 지지하는 것은 확실하다. 다만 전째 문제는
본회의가 아니다 운영위원회인데, 결국 누가 운영위를 구성할 것
인가와 그들의 요의 연기에 대한 태도가 무엇인것인가가 문제이다.

피어스 : 함께 운영위 임우보국에 대한 재료를 마토록 하자.
(지역별로 재료하여 봄) 찬성이 11 내지 12, 반대가 7 내지 8이다.

킴 볼 : 현시점에서는 이 득표 전망에 동감이다. 그러나 총회시에 구서로
그떡할지는 확실치 않다.

·············· 요 한 ··········

오찬중 주요 발언 요지

미국측 : 1. 우방들의 태도에 관하여 한국측과 미측간에 견해 차이가 있는것 같다. 호주, 뉴질랜드가 그러하며, 특히 일본은 사또 수상 외진후 새 내각이 성립될때 까지는 태도를 확신히 할 수 없다고 들었다.

2. 오늘 애기하고는 관련이 없는 것이나, 20여년전에 유엔에 제기했던 한국문제를 오늘날 계속 유엔에 떠어 두는 것이 좋은지에 대하여 어떻게 생각하는지.

— 3. 유엔에서의 전문에 의하면 예산 및 행정에 관한 자문위원회 에서 중공이 쏘련에 가담하여 언커크 존속에 관한 정치적 결정이 있기전에는 그 예산을 논의할 수 없다고 주장하였으며, 의장이 그런문제는 위원회 소관사항이 아니므로 다룰 수 없다고 하자 퇴장하였다고 한다.

그후 다음 회의에서 이 문제를 들어쌌고 표결이 있었는바 중공은 물론 쏘련과 함께 반대투표를 하였다. 이것으로 보아 언커크 문제에 관한 한 중공과 쏘련은 동일 보조를 취한다고 볼 수 있다.

한국측 : 1. 북괴와 중공의 태도에 대하여 우려하고 있는바, 미국측에 어떤 indication 을 얻어서 우려를 하고 있는 것인가 (김용식이 아니라고 밝힘)

2. 사실은 작년 요의 연기 추진시 더 risk 가 많았다. 북괴 선에도 전혀 없었고 우방의 태도도 최후 순간까지 유동적 이었으므로 금년에는 오히려 상황이 낫다고 본다. 다만 우방이나 회원국들의 태도를 풀어 구체적으로 다진다면 어른 유엔을 전후 통회 거기에 되어야 할 것이다.

59

- 7 -

3. 강대국들은 자기네 문제는 제쳐 놓고 (월남, 독일, 큐바 등)
약소국 문제를 유엔에 가져오는게 과거의 예였다.
결국 어느 국가든지 유엔에 자기네 문제를 가져오는 것이
이익이 되느냐 여부에 따라 태도를 결정하게 되는 것이며,
미국도 똑같은 입장일 것이다. 유엔에서 충분한 다수를
갖고 있다면 구태어 유엔에서 자기 문제를 떼어 낼 필요가
없을 것이다. 끝.

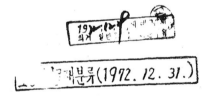

해제분류(1972. 12. 31.)

60

1973년도 대유 연정책 및 사업계획과

건의 사항

1972.   12.   16.

방 교 국   국 제 연 합 과

목   차

9

제 I 부   1973년도 대유엔 정책

1. 유엔에서 관련된 1973년도 국제 정세 검토

　가. 동·서독의 유엔가입과 동독 승인국 증대

　　　분단국 가의 현상 동결, 외교적 승인 및 국제기구
　　　동시가입 이 하나의 시대적 추세로서 국제적으로
　　　받아 드변질 가능성

　나. 중공 수교국의 계속 증대와 외교망 확장

　　　중공의 국제적 영향력 증대와 이에 편승한 북한의
　　　외교적 진출 활동 (72. 11말 현재 중공승인국은 83개국,
　　　중공상주 대사관 설치국은 71개국)

　다. 7. 4. 성명을 이용하고 중공, 동독의 국제사회 진출에
　　　편승한 북한의 외교망 확대 및 국제기구 가입활동

　　　북한은 중공 수교국과는 예외없이 외교관계 수립을 시도
　　　함으로써 28차 총회시까지는 북한 수교국이 현재의 45
　　　개국에서 60개국선 까지 증대될 가능성이 있으며 이에
　　　따라 남북한 동시에 외교관계를 맺고있는 국가수 가
　　　계속 증대될것임.

　　　28차 총회에 있어서는 이욱의 쇼적우위 확보 추 상당이
　　　어려워질것임.

AALCC (1원), IPU (4원), WHO (5원), ITU 및
UPU (수석)에의 가입활동을 국구확입으로써 대표부
설치, 일단 국제기구 에의 진출의 발판을 삼으려할것임.

라. 월남전의 평화적 해결.

　　한국문제 해결의 한 유형 (연립정부 수립, 외군철수 등)
　　을 제시함으로써 한국문제 해결의 국제적 압력이 가중될
　　가능성

　　미국의 닉슨독트린 내지 비미국과 정착을 더욱 촉진시킬
　　가능성 (주한 미군철수, 2 개의 한국 인정등)

마. 연적고 외원국 및 주요 우방 동향

　　외원국 정권 교체 (호주, 화란)로 인한 연 UN 참여도
　　완화와 UNCURK 기능 에 대한 비판 진출

　　미, 일, 영, 카나다, 호주, 뉴질랜드 등 주요 우방들의
　　한국문제 정적 변경 압력 가중

2. 1973년도 남북관계와 북한의 대외정책 전망 (가성)

　　가. 남북관계는 남북 조절위에 있어서의 남북간 어프로치의 근본적
　　　　차이로 심진적 진전을 보지 못할 가능성이 많음.

　　나. 북한은 정치문제와 다른 분야문제의 일괄 동시 타결을 계속
　　　　고집하고 선전함으로써 아측을 수세에 몰고 지연책임을 아측 에
　　　　전가시키며 취동할 것임.

/

다. 다만 북한측은 남북접촉 및 대화를 어느 정도로든 지속
시킴으로써,

(1) 북한의 국제적 지위 향상 작동을 지속할수 있고

(2) 북한이 그의도 도발하지 않는 한 남북 간의 긴장을
완화하고 적대행위가 재발하지 않도록 할수 있으며

(3) 그 견지 국방비 절감에 의한 북한 경제발전과 더의
무역을 더욱 촉진 시킬수 있고

(4) 궁극적으로는 남북 연방제를 실현시킴으로써 적화통일의
정치적, 경제적, 군사적 기초를 마련할수 있다고 판단할
가능성이 많음.

마. 상기한 북한의 근본 태도를 전제로 북한의 1973년도 대외정책의
방향을 추측해 보면,

(1) 남북관계를 고모히 이용하고 중공의 국제적 진출에 편승
하여 외국 외교망에 적극적으로 침투함으로써 북한의
외교 범위 피내로 확대하고 견과적으로는 아국과 동등한
국제적 지위를 확보하려고 노력할것임.

(2) 중공, 동독의 국제기구 진출 현상을 남북관계와 결부시켜
이용함으로써 국제기구 (특히 전문 기구)진출과 대표부
설치의 반란을 구축하려 할것임.

(3) 북한의 국제적 지위향상을 발판으로 오는 28차 유엔총회에
있어서는 동서초청 실현과 앖제미아 결의안 통과를 목표로
피나의 노력을 경주할것임.

2

3. <u>문제점</u>

    상기한바 한국문제에 관련된 유엔 내외 정세의 변화,
남북간의 진망, 북한의 대외적 활동 방향 등을 고려에 넣을 때
지금 차 총회에 있어서의 한국문제는 아래와 같은 문제점을 안고
있다고 볼수 있음.

가. 한국문제 토의 연기 자주진 문제

    (1) 남북조전위 등을 통한 남북 대화가 합의점에 도달하여
        추진되는 경우 토의연기의 현실적 이유 제시 곤란

    (2) 운영위 구성 전망 유동적

    (3) 토의연기 지지서명의 감소 가능성 (특히 우방간)
    등으로 토의연기 자주진은 난망시 됨.

나. 한국문제 전면 토의시 초청문제

    (1) 동시초청안은 현재 추세대로 간다면 2.차총회에서
        의 20표 차로 채택될 가능성이 있음.

    (2) 그러나 공산측이 금기 20여년간 추구해온 동시초청안이
        그대로 채택되는 경우,

        첫째, 한국 및 우방의 외교적 패배라는 인상을 주기
                쉬우며,

        둘째, 북한의 국제적 지위가 일거에 향상될 것이며,

셋째, 북한의 각 국제기구 진출, 외교망 확장의
　　　　좋은 발판이 될것이며,

넷째, 결과적으로 북한의 남북 대화에 있어 협상지위를
　　　　강화시켜 줄것임.

따라서 적어도 1980년 한국문제가 유엔에서 토의되는 시기
까지 북한의 유엔진출은 견제함이 가장 바람직 하다는
데에 문제가 있음.

다. 언커스 존속문제

(1) 28차 총회에서 언커스 해체안을 표결에 부친다면
　　약 10표차 내외로 부결될 것으로 보임.

(2) 그러나 언커스 존속문제가 계속 문제시되는 까닭은
　　공산측의 해체주장 외에도

첫째, 언커스가 한반도 통일이나 그 과정에 있어
　　　　구체적인 공헌을 하지 못했으므로 그 존속여부
　　　　재검토 기운 점고

둘째, 언커스 회원국 탈퇴 및 일부 동요 경향

셋째, 미국, 카나다, 호주, 뉴질랜드 등 주요우방은
　　　　언커스의 기능 재검토에 관한 의견을 이미
　　　　금년초 부터 제시

(3) 따라서 언커스의 경우 이쪽 이니시아티브 에 의한
　　것이라면 그 존속문제에 관한 정책 변경을 시도함
　　여지가 있을 것 임.

마. 주한 유엔군 문제

(1) 공산측의 외군철수안이 28차 총회에서 표결에
부쳐지는 경우 10표 내외의 차로 부결 시킬수
있을 것으로 보임.

(2) 그러나 주한 유엔군 문제는 아래와 같은 특수성이
있음.

첫째, 주한 유엔군 해체는 결과적으로 주한미군
철수의 구실을 주거나 이를 촉진시킬
가능성이 있음.

둘째, 주한 유엔군 문제는 휴전협정 대체문제등
보다 광범위하고 고차적인 문제와 직결되어
있음.

셋째, 주한 유엔군 문제는 안보이사회에까지 그
차급권한이 있음.

넷째, 미국등 우방도 이 문제에 있어서는 휴전 테모
유지가 기대되며, 외군문제는 한국에 국한된
문제가 아니기 때문에 공산측의 철수 주장에
한계가 있음.

(3) 따라서 28차 총회에 있어서는 주한 유엔군 유지를 위하여
계속 노력하되 다만, 장기적으로 한미 공동 방위 체제,
주한 미군 철수 문제등 한미간 arrangement 와
남북 대화의 진보에 따라 사실상 주한미군이 주축을 이루고
있는 주한 유엔군의 상징적인 의의가 차 소멸되는 시기에는
주한 유엔군의 해체도 고려할 필요가 생길것임.

[하략]

13.   Memorandum of Conversation[1]

Beijing, February 18, 1973, 2:43–7:15 p.m.

PARTICIPANTS

Chou En-lai, Premier, State Council
Chi P'eng-fei, Minister of Foreign Affairs
Ch'iao Kuan-hua, Vice Minister of Foreign Affairs
Chang Wen-chin, Assistant Foreign Minister, Acting Director of American Pacific
    Affairs Department
Wang Hai-jung, Assistant Foreign Minister
T'ang Wen-sheng, interpreter
Shen Jo-yun, interpreter
Two Chinese notetakers

Dr. Henry A. Kissinger, Assistant to the President for National Security Affairs
Richard T. Kennedy, NSC Staff
Alfred Le S. Jenkins, Department of State
Winston Lord, NSC Staff
Peter W. Rodman, NSC Staff
Miss Irene G. Derus, Notetaker

The group was greeted by the Prime Minister and proceeded to the room where the meeting was held.

PM Chou: We were just now counting the years, and I find when I was your age we were just liberating Peking. I was saying that you have very high spirits, full of energy, while I am on the decline.

Dr. Kissinger: I understand that means now you only work 18 hours a day.

PM Chou: It might not be entirely 18 hours. When I was your age that was more or less the case. So you now probably want to exceed me and work 20 hours a day.

Mr. Jenkins: He uses his staff for that. [laughter]

Dr. Kissinger: I said, Mr. Prime Minister, you instill a revolutionary spirit in my staff. They are dissatisfied with their condition. Colonel Kennedy and Mr. Rodman have never had so much attention since they joined my staff since they fell ill here.

PM Chou: But you have been very fair in bringing three secretaries this time so they can take it, at least. After you gain experience you are able to improve your work; that is the same with anyone. So would you like to begin first?

---

[1] Source: National Archives, Nixon Presidential Materials, NSC Files, Kissinger Office Files, Box 98, Country Files, Far East, HAK China Trip, Memcons & Reports (originals), February 1973. Top Secret; Sensitive; Exclusively Eyes Only. The meeting took place in the Great Hall of the People. All brackets are in the original.

PM Chou: Anyway I believe you to a certain degree answered me, when I said about the fact that Lon Nol will not do. I do not mean that the forces that he represents do not count.

Dr. Kissinger: I understand that. But before one can act on that, one has to have some idea of the alternative. I also agree that if it can become a Cambodian civil war rather than a foreign war, that would be the first step toward realizing these objectives.

PM Chou: We understand the directions. We understand our respective orientations. Because it is impossible for Cambodia to become completely red now. If that were attempted, it would result in even greater problems. It should be settled by the United Front, on the basis of the policy I just now mentioned; that is, independence, peace, neutrality, unity and territorial integrity.

Dr. Kissinger: Those principles we agree with, and we now have to find some framework for achieving them in a way that takes account of all the real forces.

PM Chou: So, one we agree.

Dr. Kissinger: The Prime Minister had a second issue.

PM Chou: So I would like to stop here about this issue and go on. That is the Korean issue.

Dr. Kissinger: I was hoping the Prime Minister might forget about it. I nearly got out of here all right. [laughter] I have already crossed it out of my book. [laughter]

PM Chou: No, it won't be crossed out. You know it hasn't been easy for that area to have remained without any major incident during these 20 years. You know there is only an armistice there. Dulles broke up the 1954 Geneva Conference discussion about Korea. It seems in retrospect that was very good. That was the only time that we looked into each other's eyes. We were seated opposite each other at a round table in a room that was about one-quarter of this one. That was the only time he stared at me and I stared at him. That was when he made the decision that the Korean question was not to be discussed, and that was the final time, and after that he left Geneva and left it to his assistant Mr. Smith to deal with us. It seems in retrospect there were good points in that. That means we are not fettered, and the result has been that the two sides have maintained the desire to maintain a status of peace there.

It has been 15 years since our volunteers withdrew from Korea; your troops have remained there until the present day. Now there are these few issues that need to be solved. Because in principle there will be a day when your troops will be totally withdrawn and therefore it is not incorrect for the DPRK to put forward that principle. Because we have indeed left Korea 15 years ago, and the Korean army has neither

Chinese nor Soviet military advisers. The Soviet Union is now trying to exert pressure on them but the Koreans resist them. Of course, it has to have some relations and exchanges with the Soviet Union. It was, I believe, precisely yesterday that they were celebrating the 70th birthday of Brezhnev and sent him telegrams of congratulations. Both our Vietnamese friends and Kim Il-sung sent a greeting to Brezhnev yesterday. But that was the very day that Chairman Mao Tse-tung sent his regards to President Nixon. So the Soviet Union probably will be making great fuss about that. [laughter] It is entirely coincidental.

Dr. Kissinger: A coincidence.

PM Chou: And it was only this morning when I read the news that I saw this happened. We hadn't calculated it before. We gave the news at 4 o'clock in the morning then it was released. How could I know he turned 70 yesterday? And Chairman Mao has still less regard for such matters; he is highly opposed to birthday celebrating. You probably didn't premeditate that.

Dr. Kissinger: No, I didn't know I was meeting Chairman Mao.

PM Chou: Perhaps your President will have to telegram something.

Dr. Kissinger: Actually Brezhnev sent birthday greetings to President Nixon. I have just made a note to see if we sent any. Normally I am told.

PM Chou: We couldn't care less if you sent him a telegram out of courtesy.

Dr. Kissinger: I don't know whether we did or not. I doubt that we did.

PM Chou: It doesn't matter.

Dr. Kissinger: But I am not sure. I will have to check.

PM Chou: Because we couldn't care less about such matters.

As for the Korean issue, you said the year before last and last year that probably this year you would abolish UNCURK. How do you envisage this?

Dr. Kissinger: We envisage that we can get UNCURK abolished probably in the second half of this year. We will talk first to the South Koreans to see whether they are willing to propose it. If not, we will talk to some of the other members.

PM Chou: Yes, it would be best if they did it.

Dr. Kissinger: That is what we will try to bring about.

PM Chou: So if you can give us that promise then, we will do our best to avoid the issue becoming acute.

Dr. Kissinger: I am almost certain. Let me confirm it within the next few weeks. It has that much time.

Miss T'ang: What has that much time?

Dr. Kissinger: I mean it has that much time to let you know definitely. I am almost certain we can do it. I want to check to see if there are any complications I cannot predict, but I am almost certain. Say, by the middle of March we will confirm it. I know the President agrees with it. I have to study the mechanics of how to do it.

PM Chou: Yes.

Dr. Kissinger: I am almost certain we can do it.

PM Chou: That is one thing. The second point is the gradual troop withdrawal. We believe that is a reasonable request on the part of Korea. We know that you are anyway going to gradually withdraw your troops from Korea, and during that period you want to increase the self-confidence of the South Koreans to make sure they are going to be able to defend themselves.

Dr. Kissinger: That is correct.

PM Chou: Anyway, there is no one who is going to commit aggression against them. But one thing that must be guarded against is that the Japanese should not be able to force themselves on them.

Dr. Kissinger: Yes, we have an understanding on that. And that understanding is maintained. That makes it important that the withdrawal be gradual and not sudden.

PM Chou: The principle that you should withdraw your troops is a principle that neither the Korean people nor the Democratic People's Republic of Korea can change. But the fact that the troop withdrawal will be gradual and Japan should not be allowed to enter into that area is something that we have also told our Korean friends and that is something that they must understand.

Dr. Kissinger: On the principle of withdrawal we have an understanding, and the principle that Japanese forces will not enter the territory of South Korea we maintain. On withdrawal we will be able to give better understanding of the direction in which we are moving within the next year.

Miss T'ang: You mean in 1973, 12 months?

Dr. Kissinger: By this time next year.

PM Chou: Next year? When I talked with Nakasone I asked him whether it was true or not that when he was in charge of defense he had sent military men in civilian costume into South Korea, and he denied it. I didn't tell him you had admitted it was true.

Dr. Kissinger: We gave you that information.

PM Chou: You proved it. I said the Koreans don't have a good impression of the Japanese. He said, that's true. Many Koreans are pro-Japanese, and were trained by the Japanese.

Dr. Kissinger: Their President was trained by the Japanese.

China, June 1973–September 1974   319

50.   Note From the Government of the United States to the Government of the People's Republic of China[1]

Washington, August 22, 1973.

The U.S. side wishes to inform the Chinese side that the United Nations Commission on the Unification and Rehabilitation of Korea (UNCURK) will include in its yearly report a call for the dissolution of the organization without prejudice to its past activities. As indicated in recent messages presented to the PRC Liaison Office, the U.S. side will support this position during the 28th Session of the UN General Assembly.

The U.S. side also wishes to reiterate its position that it will use its influence to insure that any debate on the Korean issue in this year's General Assembly not exacerbate tensions, but contribute to an orderly evolution of the Korean situation. On the basis of such circumstances, the U.S. side is prepared to discuss after the 28th Session of the General Assembly ways in which the question of the UN Command might be resolved. Efforts of the Chinese side in behalf of this objective will be welcomed.

---

[1] Source: National Archives, Nixon Presidential Materials, NSC Files, Kissinger Office Files, Box 95, Country Files, Far East, China Exchanges, July 10–Oct 31, 1973 [2 of 2]. No classification marking. According to a handwritten comment on the note, Solomon presented the note to Chi Ch'ao-chu and Chien Ta-yung on August 22. Kissinger wrote "OK" on an earlier draft of the note and, on August 21, Scowcroft sent the revised version to Kennedy for delivery by Solomon. (Ibid.)

---

51.   Memorandum From John A. Froebe, Jr., of the National Security Council Staff to the President's Assistant for National Security Affairs (Kissinger)[1]

Washington, August 25, 1973.

SUBJECT

Chinese Representation in the International Financial Institutions (IFI's)

---

[1] Source: National Archives, Nixon Presidential Materials, NSC Files, Box 527, Country Files, Far East, People's Republic of China, Vol. 8, July 10–Dec 31, 1973. Secret. Sent for action.

DECLASSIFIED
Authority ᕮ● 12958
By Ja NARA Date 1/15/0y

SECRET

SENIOR REVIEW GROUP MEETING

June 15, 1973

Time and Place: 3:03 p.m. - 3:45 p.m., White House Situation Room

Subject: U.S. Policy Toward Korea (NSSM 154) and the Korean Force Modernization Program

Participants:

Chairman	Henry Kissinger	CIA	William Colby
			Theodore Shockley
State	William Porter		
	Richard Sneider	OMB	Dolf Bridgewater
	Donald Ranard		
	Martin Herz	NSC	B/Gen. Brent Scowcroft
			Richard Kennedy
Defense	William Clements		John Froebe
	Robert Hill		Richard Solomon
	Dennis Doolin		Philip Odeen
	R/Adm. Charles Tesh		James Hackett
JCS	Adm. Thomas Moorer		
	V/Adm. John Weinel		

****

SUMMARY OF CONCLUSIONS

It was agreed that:

--The State Department will hold its draft cable to Embassy Seoul giving the U.S. view of the proposed South Korean foreign policy initiatives until it has been carefully reviewed by the members of the SRG. The Department may inform Embassy Seoul that instructions will be provided by June 19 for Ambassador Habib to follow in his discussions with the South Koreans on their proposed initiatives. Another SRG meeting will be held on June 18 to determine the nature of the instructions.

--CIA will prepare a National Intelligence Estimate on where the proposed policy changes are likely to lead, for consideration at the June 18 meeting.

SECRET   XGDS 3 BYAUTH Mr. Kissinger

SECRET   2

--Defense will prepare a paper for the June 18 meeting which will
consider the ramifications of a possible termination of the United
Nations Command in Korea, including the effects this would have on
the U. N. Status of Forces Agreement for U. S. bases in Japan, the
US/ROK force relationship in Korea and the Korean Force Moderni-
zation Program.

                              ****

Mr. Kissinger: We've got two problems here, the evolution of our
political relations with Korea and the question of the Korean force
structure. We also have to consider how we should respond to (Ambas-
sador) Habib's request for guidance in his discussions with the ROKs
on their proposed foreign policy initiatives, and what we should do
about UNCURK this year.

Mr. Porter: Habib is under pressure to talk with the Koreans tomorrow
and we want to get a cable out to him tonight.

Mr. Kissinger: I can't believe that our relations with the South Koreans
depend on Habib talking with them tomorrow. Why does he have
to talk with them tomorrow?

Mr. Porter: They think every day counts. They are afraid the North
Koreans may do something that will steal the initiative from them.
They have developed a new policy and they want to complete consulta-
tions on it and announce it. We have put the issues into this telegram and
we'd like the group to look at it and discuss it point by point.

Mr. Kissinger: I hate to think that our relations with Korea are such
that Habib's conversation can't be put off for a few days. We just
received the cable.

Mr. Porter: The Koreans are insisting that we get started with them.
They are pressing for our advice.

Mr. Kissinger: One of the concerns I have about this is that we have
complicated discussions with the Chinese and we make points with
them when we tell them about something we plan to do anyway. Do we
have to cover all of these issues with the Koreans right at the beginning?

Mr. Porter: No, this is just the beginning of a dialogue. We are just
responding to their request for comments on their proposed initiatives.
We will be fleshing all this out later.

Mr. Kissinger: You have the abolition of the U. N. Command in here!

SECRET

SEC̶RET   3

Mr. Porter: But we would get something for it. We would get guarantees
from the North Koreans. It's all explained in the cable.

Mr. Kissinger: I understand very well what you are saying; I would
just like to prepare a more measured response. I understand what
Habib wants. He doesn't want any recognition of North Korea unless
the PRC and USSR are prepared to recognize South Korea. Before
getting into the details of the cable, I would like to discuss where we
are going and what we are trying to accomplish. Then we can discuss
the cable.

Mr. Porter: We'll do it any way you like, but if we don't get the cable
out soon we may not be able to reach you again for awhile.

Mr. Kissinger: I want to see where all of this leaves us with the Soviets
and the PRC. That's very important. We'll be seeing the Soviet leader-
ship next week. I don't care about North Korea.

Mr. Porter: (President) Park wants to make his policy statement June 23.
He's afraid it will be pre-empted by the North. We can consult with
the USSR and PRC concerning any adjustment we may want to agree to
in the U.N. in return for adequate guarantees.

Mr. Kissinger: Such as?

Mr. Porter: North Korean recognition of the DMZ and armistice line and
a guarantee to honor them.

Mr. Kissinger: I'm more interested in the views of the PRC and the
Soviets than those of Pyongyang. The idea is that the U.S. would
approach the PRC and the Soviets and ask them to endorse the guarantees?

Mr. Porter: Yes, on matters concerning the security of the Korean
Peninsula.

Mr. Kissinger: When would we make these arrangements on the security
of Korea?

Mr. Porter: During the debate in the U.N. this fall. We see the possi-
bility of stating our willingness to support a change in the U.N. Command
providing they are prepared to accept an agreement guaranteeing the
security of the peninsula. We want to establish the principle first and
fill in the details later.

Mr. Kissinger: What's the principle?

SEC̶RET

SECRET   4

Mr. Porter: Just that. They agree to accept and preserve the armistice line and DMZ.

Mr. Kissinger: And what do we accept, a statement by North Korea?

Mr. Porter: Essentially that.

Mr. Kissinger: We would say that we are prepared to disband the U. N. Command in return for a verbal statement by North Korea?

Mr. Porter: We are not being that specific. We are just giving an indication that we may be prepared to do so. We want to be prepared for the U. N. resolution on Korea.

Mr. Kissinger: What U. N. resolution?

Mr. Porter: There's one every year.

Mr. Kissinger: There wasn't one last year because we stopped it.

Mr. Porter: We can't stop it this year.

Mr. Kissinger: We can't or we don't want to?

Mr. Porter: The South Koreans don't want to.

Mr. Kissinger: For their own policy reasons they may not want to, but what about our policy reasons?

Mr. Herz: The situation has changed substantially since last year. North Korea has just been admitted to the World Health Organization by a large margin and it looks as though we would be severely beaten on UNCURK if it came to a vote. The South Koreans appreciate that and want to modify their policy accordingly.

Mr. Kissinger: Do the South Koreans want merely to suspend UNCURK?

Mr. Porter: No, they're prepared to dissolve it.

Mr. Ranard: The ROKs know they can't keep UNCURK. The question of whether it is dissolved, suspended, terminated or whatever is just a matter of terminology.

Mr. Kissinger: What do you think, Bill (Colby)?

SECRET

SECRET

5

Mr. Colby: I think we're giving away a lot for a mere declaration by the North Koreans.

Mr. Kissinger: (to Mr. Clements) What do you think?

Mr. Clements: Frankly, I'm taken by surprise by this cable. Do I understand correctly that the ROKs want us to support their new moves?

Mr. Porter: They want to take a number of initiatives, but before they do they want to consult with a number of governments, including the U.S.

Mr. Sneider: They have already consulted with the British and French.

Mr. Clements: I'm surprised that President Park would put us in this situation, with such a short fuse.

Mr. Porter: The U.N. problem always looms large for the Koreans at this time of the year. Park has decided to take these steps and wants to move ahead with them before the North Koreans pre-empt the initiative.

Mr. Kissinger: He wants suggestions from us?

Mr. Porter: Not especially from us, he is discussing his proposals with various countries.

Mr. Kissinger: We don't have to give a blanket endorsement to all of these proposals. We have interests that are more important to us than what Habib says to the South Koreans tomorrow.

Mr. Porter: We wish to make clear that any changes in the status of the United Nations Command would have no effect on the maintenance of U.S. troops in Korea under our mutual security arrangement. We also have special arrangements for bases in Japan as a result of the U.N. Command structure in Korea. If we can get the guarantees we want from the Soviets and the PRC concerning the stabilization of the Korean peninsula, we will then want to consider revisions in the U.N. Command, but not anything that will affect the status of U.S. troops. We want to be sure that is completely clear.

Adm. Moorer: What about our bases in Japan?

Mr. Porter: We understand the Japanese will be sympathetic to changes that will permit us to keep the bases.

SECRET

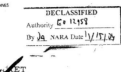

SECRET

6

Adm. Moorer: That means we will have to renegotiate our treaty with the Japanese.

Mr. Sneider: No, we won't. There are two separate agreements with the Japanese. Regardless of what happens to the U. N. Command, any resumption of hostilities in Korea would be a violation of the U. N. Charter. We have an agreement with the Japanese aside from the U. N. Command, which was confirmed just recently in the Nixon/Sato communique. There is a general statement by the Japanese on the public record that they will support us in any hostilities that may break out in Korea.

Mr. Kissinger: How much can you rely on that?

Mr. Clements: The Japanese are vitally affected by this proposed change of policy by the ROKs, and so are the PRC and the Soviets. They all have to be consulted.

Mr. Kissinger: When you consult the Japanese it's the same as putting it in the newspapers.

Mr. Sneider: That's not true. We consulted them on the Korean North-South talks and there were no leaks at all.

Mr. Porter: If you want to consider the issues addressed in the cable at greater length, we can give some interim guidance to Habib.

Adm. Moorer: The instructions to the Ambassador should not conflict with what we intend to do this fall in the U. N.

Mr. Porter: That's understood.

Adm. Moorer: We at Defense would like to look at this message for a few hours before commenting on it.

Mr. Porter: We're not trying to present you with a fait accompli.

Mr. Kissinger: But you've managed to do so anyway. Park is not going to announce the new policy before June 23rd in any case, so we do have some time to consider the ramifications of these steps.

Mr. Herz: The South Koreans have to consult with the members of UNCURK. It's essential for them to do so. We should get our comments to them in time for them to be able to do that before the announcement.

Mr. Ranard: They've asked our views on these various things they plan to propose. We should respond to them.

SECRET

SECRET

Mr. Kissinger: Has CIA made an assessment of this?

Mr. Colby: We prepared a National Intelligence Estimate a few weeks ago, but not on these specific proposals.

Mr. Kissinger: Can you get us an assessment quickly?

Mr. Colby: I can have you one by Monday (June 18).

Mr. Kissinger: O.K., do that in any case, regardless of what we decide to do about this cable.

Mr. Clements: We (DOD) want to take a look at the cable.

Mr. Kissinger: What I want to know is where is this process leading us. What do we want to encourage Park to do? What process in Korea do we want to encourage? One could argue that to spill our views of the whole package at one time, before other countries have shown their hand, could back us into a position we may not want to be in.

Mr. Sneider: This is not a proposal to abolish the U.N. Command. The ROKs merely want to have discussions about it.

Mr. Kissinger: Has anyone else seen this cable?

Mr. Clements: I'm reading it now.

Mr. Kissinger: That's no way to clear a cable.

Mr. Clements: I know that, but I hadn't seen it before.

Mr. Porter: We can tell Habib that we are not prepared to give him instructions right now, but that we will try to get them to him by June 23rd.

Mr. Kissinger: It's not necessary to do that. You can tell him he will have his guidance on Tuesday (June 19); that will give us the weekend to think about it.

Mr. Porter: That's O.K. with me. I have no aversion to keeping Park waiting a bit. That will meet my requirements.

Mr. Kissinger: I want to get the views of the Joint Chiefs on the bases in Japan. We may also want to say something in the cable about the U.N. Command. I'd like to have another meeting on this subject before we decide on the cable. Monday is bad because of the Brezhnev visit.

Mr. Sneider: What about Sunday?

SECRET

DECLASSIFIED
Authority G० 12158
By JA NARA Date 11/15/04

Mr. Kissinger: No, I have to be in Key Biscayne. Let's try for 2:30 p.m. on Monday.

Mr. Porter: What would you like to have for that meeting?

Mr. Kissinger: I want the National Intelligence Estimate we discussed. It should address the question of where all this will lead us.

Mr. Porter: What about the U.N. Command?

Mr. Kissinger: I have no strong feelings about retaining the Command. I have thought for some time that the U.N. Command might be dispensable, providing our security agreement is retained.

Mr. Clements: What do you want from Defense?

Mr. Kissinger: I'd like your views on the base problem.

Mr. Clements: Do you want something on military assistance?

Mr. Kissinger: No, we can discuss that in connection with the Force Modernization Program on Monday.

Adm. Moorer: We have a forthcoming meeting with the South Koreans. We should give our people some guidance.

Mr. Kissinger: I don't want our people getting carried away by the enthusiasm of the South Koreans and going off topping their offers by 20%. O.K., we'll meet again on Monday (June 18) at 2:30 p.m.

****

~~SECRET~~

DECLASSIFIED
A/ISS/IPS, Department of State
E.O. 12958, as amended
February 27, 2009

DECLASSIFIED
Authority NND 969057
By PT NARA Date 4/22/05

TRP SENSITIVE MISC.
S/S-7322064

TOP SECRET/NODIS

MEMORANDUM OF CONVERSATION

NODIS REVIEW

Cat. A - Caption removed;
transferred to O/FADRC
Cat. B - Transferred to O/FADRC
with additional access
controlled by S/S
Cat. C - Caption and custody
retained by S/S

Reviewed by: Elijah Kelly
Date: 9/21 22

DATE: November 16, 1973

PLACE: Blue House, Seoul, Korea

SUBJECT: Secretary Kissinger's Discussion with
President Park

PARTICIPANTS: President Park Chung Hee
Presidential Secretary General Kim Chong Yom
Acting Foreign Minister Yun Suk Heun
Special Assistant to the President for
Foreign Affairs Choi Kyu Hah
Interpreter Cho Sang Ho

Secretary Kissinger
Ambassador Philip Habib
Acting Assistant Secretary Hummel

The following Korean officials joined
the discussions during the lunch:
Prime Minister Kim Jong Pil
National Assembly Speaker Chung Il Kwon

President Park: You must be very tired from your journey.

Secretary Kissinger: No, I am not tired yet but it will
probably catch up with me later.

Park: I want to offer to you our wholehearted welcome.
I know you have had a very busy schedule and we very
much appreciate your taking the time to visit Korea.

TOP SECRET/NODIS

Secretary: I have always had a very warm feeling for Korea. I visited Korea during the war and I have acquired the highest admiration for the Korean people. It is amazing and admirable what has been accomplished here.

Park: It is 22 years since your last visit?

Secretary: Yes, it has been too long.

Park: I would like to congratulate you on your glorious and successful efforts in bringing peace in the Middle East.

Secretary: The Middle East is still a long way from peace but we have been successful in relieving the immediate tension.

Park: Concerning your recent visit to Peking, I would appreciate your giving me your impressions.

Secretary: First in general--whenever I go to Peking and then visit other countries I find that they expect

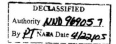

TOP SECRET/NODIS   3

that I will have solved all their problems. I have
not talked to you before so I don't know if you have
this expectation.

I will make some general comments first and then
to the Peking visit. You can count on the fact that we
will not make any prior decisions without consulting
you. Therefore whenever I go to Peking--and I expect
such trips to be frequent--if we have not told you in
advance you can count on the fact that Korea will not
be an item on the agenda. That was the case this time.
On each of my visits the Chinese make their standard
speech on Korea but we do not pursue the subject. You
know the sort of speech they made yesterday in the UN.
On this occasion on my visit to Peking they didn't
even make their standard speech. The only context
in which Korea came up was in connection with the
compromise we are trying to develop in the UN, and it
came up because I have the impression that the Chinese
are having difficulty in arranging with their co-sponsors
the achievement of a compromise. The Soviets may very
well be playing a role in these difficulties. So we had
to spend time just discussing the technical situation in
New York and how to give them more time to consult
their co-sponsors. Except for that the issue of Korea
never came up.

I have seen press stories that the withdrawal of US
troops from Korea was discussed in Peking, but the fact
is that the presence of US troops was not discussed
in any form.

Park: On your visit to Peking, I would appreciate your
own assessment of Peking's position toward a settlement
in Korea. Of course they must give support to North
Korea and on the basis of your previous visits and your
knowledge of their previous position what assessment
can you make of the Chinese attitude toward the Korean
question?

Secretary: You know I talked to Chiao Kuan-hua in New
York about the fact that we are willing to talk to the
North Koreans if the Chinese are prepared to talk to
you. They said they could not talk to you in New York
because   the North Koreans would find out and they also
said they could not talk in Washington for other reasons
that are not clear to me, but they never absolutely
said that the principle was unacceptable. The Chinese
position has many elements. On the one hand they must
be sure that Pyongyang   does not come under the
influence of Moscow. On this trip Chou En-lai made

TOP SECRET/NODIS

a special point of this. Peking has the dominant
influence in Pyongyang.

Before going further, I assume that this conversation
is on a very confidential basis and it will not be spread
to other parts of your government. The Chinese are very
sensitive. In fact, I am very sensitive.

On the other hand quite candidly--although I can't
prove this--the Chinese are not eager to have any
powerful unified countries on their borders. So I do
not believe that the unification of Korea has the same
priority for the Chinese that it has for Pyongyang or
for you. I think the Chinese, strangely, do not mind the
US presence in Korea, particularly if they think that
Japanese influence would rise if ours declined. I think
the Chinese would be violently opposed to any military
aggression by North Korea at this point, because they
would be afraid if we become involved with North Korea
it would isolate them from Pyongyang because the Soviet
Union would support North Korea. Also if China supported
North Korea in a military confrontation, that would drive
Japan away from China. If the North Koreans attack and
the Japanese supported the South Koreans then the Chinese
would become more and more isolated. I personally think
that the greater likelihood--in terms of outside support--
for an attack by North Korea would come from the Soviets

rather than from the Chinese, but this could change
in five years or so.

Park: That is the prevailing opinion on Korean affairs
and on the international and internal situation on the
Korean Peninsula. We share the same view, that the over-
all Korean situation is related to Moscow and Peking.
However more recently it seems possible that North
Korea may try the same tactics as in the Middle East,
influenced by the notion that it can do the same thing
on the Korean Peninsula. If they find the opportune
moment they may take military action and then they could
claim that unification is an established fact. The big
powers would come in to stop the fighting, but the
North Koreans would be in a better negotiating position
because of their territorial gains. What is your opinion?

Secretary: Although I have been given the Nobel Prize
for peace, I assure you our policy is not characterized
by an excess of sentimentality. I want to characterize
the situation in the Middle East. Mr. President, you
should watch our actions and not our statements. What
do we expect to happen? After Egypt and Syria made

their attacks our strategy has been to demonstrate
that the side that is supported with Soviet arms could
not win. And since it is impossible for Israel with
a population of only 3 million to destroy the Arabs
who have populations totaling 100 million, it was
always necessary for the war to end in a negotiation.
So what we wanted was a defeat for the Arabs so severe
that they would turn to us, but not so severe as to drive
them to the Soviets. And this is exactly what we brought
about. In terms of the positions on the map rather than
in rhetoric, Syria has been badly hurt and Egypt has
had one army trapped and has suffered total defeat.
Perfectly frankly--and we need to keep this very secret--
it was on a Friday when I went to Moscow. If a ceasefire
resolution had been offered at that time in the Security
Council we would have had to accept. There would have been
no way of avoiding a ceasefire. My going to Moscow
permitted military operations to continue for 48 more
hours. By that point both Syria and Egypt had been
defeated. We didn't want the war to continue beyond
that because the dangers would have been too great.
For one thing the more moderate Arab leaders would have
been thrown out by extremists. So the lesson of the

TOP SECRET/NODIS   8

Middle East is not that one can gain territory and get
the UN to approve it. The best you can say is that the
UN prevented a complete catastrophe. So the lesson of
counter attack in such a war is that the international
environment might permit you to take Wonsan   but not
to take Pyongyang . And a second lesson is that if the
action goes as it did in Bangladesh the whole matter is
finished. The temporary defeat can be handled, but a
basic and near-total defeat could be used by North
Korea to solidify its gains. Another thing to remember
is that we got 22,000 tons of supplies into Israel
by air in 48 hours. Here in Korea such supplies would
be easier because in Israel we had only one intermediate
base we could use, in the Azores.

Park: I consider your remarks are common sense among
peace-loving people, but the leaders in Pyongyang
are not common-sense people or peace-loving either.

Secretary: I agree you should guard yourself and keep
your position strong for a quick counter-attack, and
don't panic. As long as this Administration is in office
we would give you strong support so as to return to
the status quo ante.

TOP SECRET/NODIS

TOP SECRET/NODIS   9

Park: You must have received a report on the North
Korean's one and a half hour speech in New York,
claiming that the Korean War was instigated by South
Korea with U.S. inspiration. Before over 100 members
of the UN they made this brazen claim without any
sense of guilt. What they are trying to do is re-write
history that is known to everybody in the world. They
think they can do anything and get away with it. Kim Il Sung
is still pretending.

Secretary: I did not say you should not keep yourself
alert and cautious. My assessment is that the Chinese
will try to prevent a North Korean attack but if it
happens anyway Kim Il Song would run a very major
risk. We strongly believe that in a few years you
will be able to defend yourself. The Korean soldiers
I have seen so far look very good to me.

Park: During your Peking visit the North Koreans in-
tensified their propaganda offense against the ROK.

Secretary: Possibly
            they don't need much encouragement, and

TOP SECRET/NODIS

TOP SECRET/NODIS   10

probably the Chinese cannot restrain them, at least as
far as propaganda is concerned. Also it is possible
that the North Koreans are as suspicious of the Chinese
as some of our friends are of Washington and therefore they
make a big noise so as not to be overlooked.

<u>Park</u>: In reviewing past Korean history the 1950 attack
occurred with the support of the Soviets. We believe
that Soviet support of the invasion was based on an
assessment that the U.S. would not enter in and support
us. That was a miscalculation. In fact we must be
very cautious and prudent. I am very pleased and am
made more confident by hearing your remarks and by your
keen interest and detailed knowledge. However we are
very close to the problem and we know the history.
We are trying to be alert to cope with any changing
situation. As I understand your statements, it is that
we should take measures to cope with a reckless attack
and should stay alert so as to demonstrate strength
so that the North Koreans convince themselves that
aggression would not be prudent.

<u>Secretary</u>: I agree.

TOP SECRET/NODIS

TOP SECRET/NODIS   11

Park: Mr. Secretary, in meeting with Chou En-lai and
talking about our proposal for the admission of two
Koreas--we know that they are ostensibly against this but
what is their true attitude? Is it possible that
under certain conditions the Chinese would not oppose
the proposal? I would appreciate your assessment

Secretary: My strong impression is that their attitude on
dual admission is significantly affected because of
Taiwan. They are genuinely not in favor. You will
see in the Peking Communique an interesting evolution
in their position on normalization. In the past the
Chinese demanded that we break with Taiwan. However, the
Communique says only that we must recognize the principle
of one China. This might open the possibility of
normalization without our breaking with Taiwan. If
something is accomplished along these lines, the Chinese
could begin to think of a similar thing in the Korean
case but I don't think they can consider that now.

Park: However we understand that in the case of dual
admission of East and West Germany the Chinese were in
favor. Is that true?

TOP SECRET/NODIS

<u>Secretary</u>: Yes, but in that case both Germanys were in
agreement. In this case both Koreas do not agree.
My experience with the Chinese is that they move
very slow and supplely. My impression is they have
a mortal fear of making a proposal and being rejected.
First they make a general statement and the maybe repeat
it if I have not understood them the first time. Then
when I do understand, and if I indicate approval, they
actually make the proposal. You know the Chinese
think they are cleverer than anyone else in the world,
and that maybe true. I was once asked by Chou if
Americans consider me to be clever.. I said I hoped
that the Chinese would consider me to be only average
clever , for a Chinese, which would be the highest
compliment anyone could pay. (laughter)

<u>Park</u>: It has been our constant position that in the
present atmosphere unification of Korea is difficult
or impossible. So at the present stage there can be
no early unification. So our belief is we should
put our efforts on a durable peace. First we should
bring peace, then unification. Therefore for some
time we do not foresee the possibility of reunification.
This summer I made a statement on unification. Presently

TOP SECRET/NODIS

the North Koreans advocate a peace treaty but they
propose that US forces should get out and that we should
reduce our military strength to 100,000. In reality
they are trying to achieve a goal of weakening our
defense capability and neutralizing the US Defense
Pact. The North continues to try to make propaganda
capital by pushing a peace treaty, and some countries
feel that the North is proposing peace and the South
is not willing to respond. We have been thinking of
this and we have a certain proposal to try to deal
with it. Our proposal would first be a matter of
careful consultation with the US, but I will now give
you the rough idea of it to get your reaction. The
essence of our proposition would be to offer a non-
aggression pact between North and South to try to make
sure there is no aggressive action by either party.
We would also jointly assert the validity of the
armistice agreement. The other side might demand
that the UNC be abolished and we would then reply that
the UNC authorities should be handed over to the South
Korean Armed Forces. What do you think?

Secretary: First in terms of overall strategy, I was
very impressed with your June proposal. I did not

believe it had the slightest chance of being effective
but it put the other side on the defensive. I think,
and this is the strategy we used in our Viet-Nam
negotiations, we made many proposals some knowing they
had no chance of acceptance. We made them so that there
was always a US proposal on the table that the North
Vietnamese would have to reject, so that the North
Vietnamese could not fully develop a propaganda line since
we would constantly make proposals that forced them
to redevelop their lines. Occasionally we would make
proposals in secret and then they could not be sure
whether we would make them public. This was a difficult
problem for them. I know those negotiations are not
exactly parallel to your situation but there are some
similarities.

The strategy you proposed is to make a proposal that
keeps the initiative in your hands or at a minimum keeps
the other side off balance. Such initiatives should always
be proposals that you could live with. They should
be serious, and not just maneuvers, and that of course
was the case in your June proposal. My first impression
is favorable in that you could afford to have it accepted.

We must study together how to dissolve the UNC. This
is certainly the initiative they will take next year
and we should pre-empt the subject. It would be good
if you took the initiative whether your proposal is best,

or some other might be better, with your per-
mission I want to think this over for a couple of weeks
and then reply. I have no better idea now, I just want
to think it over. We should think about what counter-proposal
they could make, so that we have thought the results
through. But your basic approach I like very much.

Park: This is just a thought, and not fully formed,
and requires serious study. We know the North would
not accept it. As to whom and when it would be presented
needs more careful study between us. It would be
possible to announce as a South Korean initiative.
Another way would be to consult the Soviets, the
Chinese and Japanese to see if we could jointly come
up with a formula that the North Koreans could be asked
to accept, and then our other friends could consider.
The way of doing this needs further consideration.

Secretary: My instinct is whatever proposal is agreed,

TOP SECRET/NODIS

it would be better to come from your government. If we discuss it with the Chinese and the Soviets the Soviets have a vested interest in embarrassing the Chinese and they might not agree to it. What might work is that after we have worked out a proposal you let me announce it to the Chinese about two weeks in advance as a message from you and ask their help with the North Koreans. This would be a contact from you to the Chinese. The risk would be slight because they are too afraid of breaking a confidence from me to leak it out.

Park: I certainly appreciate your valuable advice on such proposals and there will be thorough discussions between our Foreign Ministry and Ambassador Habib.

Secretary: I will personally pay close attention to this matter.

TOP SECRET/NODIS

(The meeting then broke up and   was resumed again at
the lunch table, where the Prime Minister and the Speaker
joined the group.)

(There was some discussion of the flight route of the
Secretary's aircraft from Peking to Tokyo, in which the
PRC insisted that the flight had to go over Shanghai
rather than on the direct route over Korea. The
Secretary discussed the fact that his former colleagues
at Harvard disagree strongly with his policies. Presi-
dent Park mentioned that he had been in China for about
five years during the Pacific War.)

Secretary: I think the Chinese do not have a completely
closed mind to relations with South Korea. Also   I
think they are so afraid of the Soviets that they will
not challenge the United States during the next few
years.

Park: What about the realities of the Sino-Soviet con-
frontation?

TOP SECRET/NODIS

Secretary: There is very real hostility. In the first
place the Chinese do not like the Soviets as people--
but of course the Chinese don't really like anyone.
In the second place the Chinese are very worried that
the Soviets might attack them. Thirdly, the Soviets
are concerned that if the Chinese are this aggressive
while still weak, how will they behave when they have
a secure nuclear capability?

Park: It seems to me that it would suit the Soviet
style to strike when the opponent is weak.

Secretary: I think there is a 50-50 chance that the
Soviets may seriously consider an attack before the
Chinese are fully nuclear capable.

Park: When I saw President Nixon in 1969 in San Francisco
I asked him the same question and got the same 50-50
answer. May I ask whether your estimate is a guess
or whether there is evidence.

Secretary: It is now based on some evidence. In 1969
we knew nothing at all about the Chinese.

(There was some banter about rumors there are many
Kissingers flying to many different capitals
simultaneously. The Secretary then told the story
of the time when Ambassador Habib kicked him out of
his office in Saigon when the Secretary, at that time
not in government, was visiting Viet-Nam for the first
time. There were also ironic complaints by the Sec-
retary that State Department officers refuse to show
him interesting telegrams, and have a secret desire to
handle everything in the regional bureaus.)

<u>Park</u>: Do you think there will be a North Viet-Nam
offensive this dry season?

<u>Secretary</u>: I have the greatest respect for President
Thieu. He has done a remarkable job. A North Viet-
Nam offensive depends upon being sure of getting the
same flow of equipment from the USSR and China. We
have the impression it is unlikely the Chinese are
maintaining the same flow. There will be attacks in
the dry season but the chance is about 55-45 against
an all out offensive. We have recently sent a message to
the North Vietnamese--this has not been made public--
that an offensive would have very serious consequences,

TOP SECRET/NODIS

and we pointed out they have miscalculated us on other
occasions. We have recently sent reconnaissance air-
craft over North Viet-Nam and recently a carrier has
moved into the Tonkin Gulf--this is only for your
private information. We take the position that the
recent war powers legislation by the U.S. Congress
lifts the restrictions on our acts in Indochina so we
would have 60 days in which to conduct military opera-
tions including mining their harbors again.

Park: How is Mao's health?

Secretary: Of course he is very old, I believe he is
79, and he could die anytime regardless of health
factors. When I first saw him two years ago I thought
he couldn't last very long. In February 1972 it was
hard for him to walk without people holding him. Then
in February 1973 he was much better and could walk
without help. On this visit he was even better than
February 1973,conducting a conversation for nearly
three hours, covering every topic in US-China relations
and many other subjects, without referring to any notes.
In the past this is the sort of conversation that Chou
En-lai has undertaken. This time he put on a very

impressive performance intellectually. Still, he is an
old man. Chou En-lai himself is very active at the
age of 74.

Park: I saw a picture of your discussions with Chou
and it seemed that Chou was taking a very vigorous
attitude.

Secretary: Yes, he has made it a point to identify
himself with China's policy toward the United States.
Of course Mao has also identified himself with it.

Park: Will you go to Norway to receive the Nobel Prize?

Secretary: No I do not plan to go but I will have the
American Ambassador there accept it for me. Le Duc Tho
refused the prize, possibly because he wants to maintain
the freedom to attack South Viet-Nam and also probably
because he does not want to associate with me. He did
send me a nice letter in connection with the Nobel Prize.
You might be interested that once during our negotiations
he looked me squarely in the eye and he said, "Let me
say frankly, open-heartedly, sincerely and with the

TOP SECRET/NODIS

best intentions, you are a liar." (laughter)

Park: We have some appreciation of the difficulties
of negotiations with Communists.

Secretary: I may say that the Israelis are about as
tough as the Communists. The Arabs are relatively un-
disciplined. A problem with the Arabs is that they
will proceed from one unjustified assumption to
another. They will begin by hoping you have accepted
something, and then pretend you have accepted, and then
assume that there has been a firm agreement, and will
later on claim that you have gone back on some under-
standing. However, up to now the Arabs have not been
as nasty in negotiations as has been my experience with
the Communists. For four years I negotiated with Le
Duc Tho, without achieving any progress whatsoever.

Ambassador Habib: In your North/South talks you should
keep in mind our experience in the Viet-Nam negotiations.
The other side will continue over a long period to say
"absolutely no". Then suddenly they may change their
minds. I advise you to keep on with the discussions,
not be discouraged, and wait for a shift in their position.

TOP SECRET/NODIS

Secretary: Every time you make a proposal it will take a few months for them to analyze it.

Park: Despite the fact that we have a common Korean language to use in our negotiations there are very significant differences of meaning that they attach to Korean words. For instance, they insist that the word "freedom" must include their freedom to conduct espionage and subversion in South Korea.

Secretary: We had similar problems of terminology when U.S. Congressmen visited Hanoi. Time after time North Vietnamese officials would use language in talking to the Congressmen that would give them the impression that there had been a major change in Hanoi's positions. Then the Congressmen would talk to our newspapers and the Administration would be accused of failing to respond to the shift.

In 1971 the North Vietnamese made public seven points but proposed nine points to us secretly for negotiation. Every week they publicly demanded an answer to their seven points that they had said privately to us they

TOP SECRET/NODIS

did not wish to discuss. After two months of this we
gave them some secret counter proposals to their secret
nine points. Then we published the whole thing and
demanded a reply. We never heard from them for seven
months after that.

Park: Last year we agreed with the North to stop all
slander and abuse between us. The North at first honored
this, then they started some slander over their central
broadcasting. We taxed them with this and at first
they said it was only a certain political party making
the broadcast. But later they tried to claim that the
broadcast came from a clandestine radio in South Korea.
Of course we used direction finding and found out they
were lying.

Ambassador Habib: What is the status of your proposal
to the North?

Park: There was a Secretaries meeting at 10:00 a.m.
today at Panmunjom. We propose that the next Red Cross
meeting should be in Seoul. As for the co-ordinating
committee, the other side has called it off, refusing

to deal with certain members of our side. We are con-
tacting them to find out if those talks could be re-
started if there are changes of personnel on <u>both</u> sides.

<u>Ambassador Habib</u>: I have not been impressed up to now
with North Korean diplomacy. The North Vietnamese are
much more skillful.

<u>Park</u>: The North Vietnamese perhaps have adopted some
elements of their style from the French. On the other
hand the North Koreans are unique, and one could call
it a Kim Il Sung, style.

<u>Secretary</u>: I want you to know we will be making it
increasingly costly for the third world to be freely
in opposition to us. In the case of Yugoslavia we have
cancelled their Foreign Minister's visit and we have
cancelled other visits by Americans to them. We will
make sure it is no longer free and easy to oppose the
United States. I suppose that the North Koreans are
probably the most difficult country in the world now.
I expected that there might be a North Korean approach
to us in New York but there has not been one. Of
course if there is one we will tell you about it
before we do anything.

Park: Mr. Secretary, you should meet with them to get your own assessment.

Secretary: I meet with them myself?

Park: Well perhaps not necessarily.

Secretary: We will not take the initiative. If they suggest it, we will get your advice. If we were to initiate contact they would think they could deal with us, excluding you. I can assure you there will be no meetings with North Koreans that are kept secret from you.

Park· Newspapers have reported that if the Chinese make contacts with us, the United States similarly will contact North Korea.

Secretary: We thought this was your position. We have no overwhelming desire to contact the North Koreans. For instance, we are in contact with the Soviets and the Chinese for entirely cold-blooded reasons. Thus any contacts we have with the North Koreans that we jointly agree upon would be for equally cold-blooded purposes.

TOP SECRET/NODIS

EA:AWHummel,Jr./sb 11/17/73

11 급 비 밀

한 국 문 제 에 관 한   막 후 교 섭   일 지

(제 28 차 총 회 : 1973 년)

1973.   12.   .

유 엔 대 표 부

31

1973. 10. 31.   박동진 대사는 오전 11시 30분 부터 45분간 미국 대표부로
Bennett 대사를 방문하고 (아측에서는 함태혁 참사관,
미측에서는 Thayer 참사관이 배석)

(1) 한국 문제토의 시기가 박두하여옴에 따라, 토세가
아측에 확정적으로 유리하지 않은 상황을 설명하고, 아측
기본이익 토장선에서 공산측과 타협안을 모색하여 줄 것을
미측에 제의하고,

(2) 타협안 내용으로서, 아측 결의안 가운데 유엔 가입 조항을
삭제하는 대신 공산측 결의안 가운데 유엔 군사 해체와 외군
철수 요구 조항을 삭제하는선을 제시하고,

(3) 교섭의 방법으로서, 미국이 먼저 중공과 교섭하고 후후
중공으로하여금 북한측을 설득 토록 하게하고,

(4) 교섭의 착수 장소로서, 본건 교섭이 미국과 중공간의
bilateral 한것이라는 인상을 주는 동시에 동교섭이 실패될
경우 유엔에서의 아측 체면 유지를 기한다는 의미에서
"워싱톤"을 제시 하였음.

한.미 양국 대표부는 이협의 내용을 각기 본국 정부에 보고하고
청훈 토록 하였음.

1973. 11. 5.   미국무성 극동 담담 차관보 Hummel 씨는 "워싱톤"
에서 중공 대표부 차석을 초치하고, 뉴욕에서 있었던 한.미간
협의 내용을 거료로, 중공이 약 1개월전 실무급을 통하여 미국
대표부에게 한국 문제를 처미함에 있어서 대결 보다는 타협을
모색함이 좋겠다는 의사를 토서 한바 있음.

32   - 1 -

을 상기시키면서, 미측도 이에 동감이며 남북한회담의
상대를 그러하여 전면대결은 피하고 적당한 방법에 의한
마업으로 한국문제를 해결하기를 희망한다는 의사를 전달
하였음.

1973. 11. 7. 유엔 중공대사 "황아"는 오후 10시 30분부터 2시간 15분간
　　　　　　　 Waldorf Astoria 소재 금저로 "스완미"대사를 긴급
　　　　　　　 방문하고 (미측 에서는 Bennett 대사와 Thayer 참사관
　　　　　　　 중공측 에서는 "주난"참사관이 배석)

　　　　　　　 (1) 유엔에서 한국문제는 주유엔 중공대표부가 주관할
　　　　　　　 사항임으로 뉴욕에서 협의할 문제임을 밝히고,

　　　　　　　 (2) 중공으로서는 한국문제를 처리함에 있어서 대결을
　　　　　　　 피하는데 원칙적인 동의를 표한다고 하고,

　　　　　　　 (3) 그 방법으로서

　　　　　　　　　 (가) 양측결의안을 투표에 부치지 않는다

　　　　　　　　　 (나) Consensus 내용을 의장이 발표하도록한다

　　　　　　　　　 (다) 한국문제에 관한 각국언설은 중지시키지 않고
　　　　　　　　　 예정대로 행하게 한다고 하는 3개지점을 제시하고,

　　　　　　　 (4) Consensus Statement 내용으로서

　　　　　　　　　 (가) 엄끼로 해서

　　　　　　　　　 (나) 외군철수및 유엔군사해체에 대한 무언급

　　　　　　　　　 (다) 아측결의안중 3항과 4항에 대한 무언급

　　　　　　　　　 (라) 공산측결의안 1항 4항 삽입을 제의하였음.

1973. 11. 7. 한.미 대표부는 상기 중공측 제의를 검토하고 앞으로의
　　　　　　　 대책을 협의하였음.

1973. 11. 8. 미국 "스완미"대사는 오후 7시부터 5시간 30분간 중공
　　　　　　　 대표부로 "황아"대사를 방문하고 (미측 Thayer 참사관 및

　　　　　　　　　　　　　　- 2 -

중공측 "우난"참사관 배석), 상호 협의하였는바,

　(1)중공측은,

　　(가) Consensus Statement 　요안을 제시하고 미측
　　과 구체적인 교섭에 들어갈것을 밝히고,

　　(나)북한측 설득에 자신을 표명하고,

　　(다)아측에 의한 해결에 관한 소련및 비동맹국측
　　태도에 대하여서는 언급을 회피하고,

　　(라)11월 9일 오전 7시반까지 한국측 회답을 받아
　　줄것을 요구하고,

　　(마) 향후 교섭사실을 극비로 취급하여 줄것을 요청
　　하였으며,

　(2)미측은, 한국측이 원치않는 항목(평화로 약체결, 단일
　국가로서 유엔가입)을 삭제하여줄것을 요청하였으며,

　(3)미국과 중공은 각기 한국과 북한측과 협의하여 최종
　문안을 확정짓기로 약속하였음.

1973. 11. 9.　　아측은 밤 2시부어 3시간동안 Waldorf Astoria
　　　　　　　　김용식장관 숙소에서 합의문서 요안에 관한 아측입장 및
　　　　　　　　대미, 대중공 교섭방책을 수립하였음(박동진 대사, 안매뉴
　　　　　　　　참사관참석)

1973. 11. 9.　　한.미 실무진은 오전 9시부어 1시간 30분간 미국대표부
　　　　　　　　에서 문어 아측 입장을 설명듣고 대중공 교섭 세부에
　　　　　　　　관한 협의를 가졌음.(미측 Thayer 참사관. Reis 법률고문
　　　　　　　　아측. 안매뉴참사관 참석)

1973. 11. 9.　　중공 "황아"대사는 오후 12시부어 5시간 미국대표부로
　　　　　　　　"스칼피" 대사를 방문하고(미측 에서는 Bennett 대사,
　　　　　　　　Thayer 참사관, Reis 법률고문, 중공측에서는 "우난"참

34　　　　　　　　　　　　　　　　- 3 -

사금 배석),

(1) Consensus Statement 초안을 완성하고,

(2)합의문서 발표시기에 급하여, 중공은 모의 종견임을 내세웠고, 미국은 모의첫날을 내세웠음.

1973. 11. 9. 아측은 미축으로부터 그 섭견과와 내용을 통보받고 문안 초안에 동의함을 미측에 통고하고 이를 중공측에 전달 하여 주도록 요청하였음.

1973. 11. 10. 한.미 실무진은 오전 9시부터 2시간 미국대표부에서 모여,

(1)제1위 의장에 대하여 합의내용을 통고하는 시기 및 양측 공동제안국 대표선정문제를 협의하고,

(2) 알제리아 및 소련의 양해에 급한 의견을 교환하고,

(3) 아측 공동제안국에 대한 설명내용을 협의하고,

(4) 미측으로부터 "게신저"장관이 합의문서를 승인하였음을 확인하였음.

1973. 11. 10. 한.미간 합의에 따라 미국대표부에서 오전 11시 주요 우방국 대사 및 실무자회의(한국,미국,영국,일본,오주, 태국,화란,누질렌드,카나다)를 개최하고,

(1) 미.중공간 합의문서내용 및 합의에 도달한 그 섭 견과에 대한 설명을 하고,

(2) 문제해견 확보를 위하여 미.중공간에 이러한 합의 가 이루어졌다는 사실을 극비로 취급하여 줄것을 요청 하였음.

1973. 11. 11. 미국 Bennett 대사는 오후 1시 30분에 45분간 중공대표부 로 "황화"대사를 방문 하고(미측 Thayer 참사관 및 중공측 "주난"참사관 배석), 협의하였는바,

(1) 미측은 공산측 사정을 과안 막부 그섭 환견에 필요한 시간적 여유를 언거

- 4 -

35

위하여 한국문제 토의개시일을 연기할것을 제의하였고,

(2) 중공측은,

(가) 토의개시일연기는 일부공산국가의 의심을 받을
우려가 있음을 이유로 냉담한 태도를 취하였고,

(나) 공산측 공동제안국과의 협의경과를 설명하고
11월 12일 7시까지는 동 공동제안국의 동의를 얻도록
노력할것임을 다짐하고,

(다) 공산측 공동제안국 회의를 곧 소집할것임을
시사하고,

(라) 제 1위 의장에게 합의문서를 11월 14일경 7까지
전달이 가능시된다고 하였음. 확답은 아니었음.

1973. 11. 12.   9개 우방국 실무진은 오전 10시 30분부터 2시간 반동안
"카나다" 대표부에서 회합을 갖고 협의하였는바,

(1) 합의문서에 대한 국가 본국정부의 태도를 확인하였
는바, 예외없이 찬성하였고,

(2) 제 1위 의장에 대한 합의문서 물고는 빠를수록
좋다는데 의견이 일치되었으며, 이러한 사실을 중공측
에 전달키로 하였고,

(3) 의장의 발표는 빠를수록 좋으나 적당한 시일 선정
은 미국에 일임키로 하였으며,

(4) 11월 14일부터 시작되는 한국문제 토의에 대비,
16일까지의 야측 발언국을 확보하고 발언순위를 정하
도록 하였으며,

(5) 야측공동제안국을 대표하여 "화란"이 적당
하다고 결론을 내렸으며, 화란은 이 의향을 수락하였음.

- 5 -

36

(6) 아측 공동제안국 회의는 "호주"가 주최함으로써 원칙적인 합의를 보고, 회의일자는 공산측 공동제안국 회의일자와 맞추기로 하였음.

1973. 11. 13. 공공 "주난" 참사관은 미국 Thayer 참사관에게
(1) 현재 북한대표가 합의문서내용을 "알제리아"측에 설득시키고 있으나, 알제리아측이 쉽게 응하지 않고 있다는점.

(2) 한국문제 토의개시일을 연기하는것은 곤난 하다는 점을 알려 왔고, 미측은 이러한 내용을 즉시 아측에게 통보하여 왔음.

1973. 11. 14. 공산측 공동제안국간의 합의가 이루어 지지 않은제, 한국문제는 토의가 시작되었고, 북한대표는 구매 외연하게 연설을 통하여 아측을 공격하였음.
박동진대사는 아측 공동제안국에게 공산측과 아직 7가지 합의을 모색중이며, 이때문에 아측 공동제안국 회의가 지연되고 있음을 공동제안국 대사들에게 개별적으로 통고 하였음.

1973. 11. 15. (1) 악협이나 대견이나 미점상태에서 검을심장공 제1위 에서 연설을 행하였음.
(2) 박동진대사는 제 1위 분위기를 악협방향으로 유도하기 위하여, "스웨덴", "인도네시아", "니제", "루완다", "알젠인"등 중립 국가와 접촉하고, 성견대견을 피하는 방법이 나온다면 이를 반대하지 않겠다는 입장을 내세워, 이러한 방향으로 이들 국가를 유도하려는 활동을 개설하였음.
(3) 한편 우방국실무급 회의를 영국대표부에서 개최하고

- 6 -

37

미·중공간의 합의문서가 실제로 돌아갈경우를 대비하여,
아측견의안 수정안, 공산측 견의안 수정안, 제 3국으로
하여금 float   시킬 하원안동든안 작성작업을 행하였음.

1973. 11. 16. 한·미·화란 실무진(미국측 Thayer 참사관, 화란측
Van der Klaauw 공사, 한국측 합매원참사관)은 오전 9시
부어 1시간 반동안 미국대표부에서 회합을 갖고,
  (1) 공산측의 주요 공동제안국 이며 비동맹국의 대표견인
  "알제리아"를 합의문서에 동의시끼기 위한 방법을 업의
  하고,
  (2) "화란" 대표가 아측 공동제안국 대표로서 "알제리아"
  대표와 접촉함이 좋겠다는 견론에 돌답하였음.

1973. 11. 16. 중공측 "주난" 참사관은 오후 4시 30분 미국측 Thayer 참사
관에게, 알제리아측을 설득 하는데 "화란" 대표가 나서,께따는
아측 요청에 대하여, 아매화란은 회답과 제의를 하여왔음.
  (1) 화란대표는 알제리아측에게 미·중공간에 합의문서가
  이미 작성되어 있는 사실을 언급하여서는 안된다는점.
  (2) 화란과 알제리아가 새로이 합의문서를 작성하는양
  하여야 하며, 따따서 이미 합의된 내용에다 한개의
  전문을 더 추가하여 협상을 개시하고 bargain 하는
  형식을 취하여야 한다는점(한개의 전문 이따않은 원배
  아측이 중공에 대아여삽업을 주장했다면 구걸인에 유언에
  한반도의 평화를 유지하는 책임이 있다는 것을 확인하는 내용의)
  (3) 알제리아는 북한측과 협의후 동 전문을 삭제으로
  요청한것이며, 이럭게함으로써 원배 합의문서내용대로
  낙착마트록 한다는점
                    - 7 -

30

1973. 11. 16.   미측은 상기 중공측 입장을 아측에 즉시 통보하여왔음.

1973. 11. 17.   9개국 실무급회의(미국, 한국, 화란, 영국, 일본, 매국,
카나다, 오주 및 뉴질랜드)를 오전 11시부어 3시간동안
화란대표부에서 개최하고, 동회의에서 화란측은 알제리아
측국의 접촉경위 및 합의문서 작성고섭과정을 상세이
설명하고, 알제리아측은

    (1) 한국문제를 마엽으로 처리하는데 원칙적으로 동의
하고 싰으며,

    (2) 북한측과 협의후 11월 19일중 아측에게 화답을
줄것이라고 시론한바 있다고, 밝혔음.

1973. 11. 19.   한. 미. 화란 실무진은 오전 10시30분어 1시간동안
미국대표부에서 몰아, 화란측으로부어 그간 알제리아측과
고섭한경과를 청취하였는 바, 알제리아측은

    (1) 예상대로 아측이 우려한 전문 1항루 삭제를 오청
하였고,

    (2) 우연군사 해체및 우연기분사용 문제를 합의문서에
포합시킬것을 오청하였으나, 화란측이 이를 일축하였고,

    (3)"우니시아"안의 본문 3항및 4항을 합의문서에 포함
시킬것을 오청하였으나, 화란측은 3항 삽입에 끔하어
서는 일축하였으나, 4항은 한국측과 협의할것을 약속
하였음.

1973. 11. 19.   아측은 오전 11시 50분 "우니시아"안 본문 4항 삽입
은 수락할수 없음을 화란측을 통하여 알제리아측에 응고
하였고, 미측은 중공에게 이를 못받아들이는 이유를 설명어
고이에 끔한 중공측의 협조를 오청하였음.

- 8 -

39

1973. 11. 19.   우방 9개국(한국 , 일본 , 미국 , 영국 , 오주 , 태국 , 화란 ,
카나다 , 뉴질랜드)은 오후 5시반부어 1시간 반동안
일본 대표부에서 대사급회의를 갖고,
(1) "사우디"안 과 "유니시아"안이 타협의 분위기를
조성하는 역활을 하는데 중요하기는 하나, out of
control 되지 않게 적절한 대책을 강구하도록 하였고,
(2) 화란측으로부어 안제미아측에서 11월 19일 만나자
는 제의를 받은바 없다는 보고를 청취하였고,
(3) 공산측과의 막후 협상진도가 예상보다 다소 지연
되고 있음을 고려하여 이 교섭이 실패할경우를 대비한
대책도 철저히 강구한다는 의미에서 11. 15. 영국대표부
에서 실무급에 의하여 합의된 contingency plan   결과
에 대하여 대사급이 이를 검토하고, 11월 20일 공동
제안국회의에서 이를 확정짓기로 하였으며,
(4) 미측은 "유니시아"안동이 이번 협상에 지장이 되지
않도록 적당히 discourage   시키고 조금더 기다려 보자
고 하였음.
1973. 11. 19.   안제미아측은 오후 7시 30분 화란측에게 consensus
statement 수락을 통보하여 왔고, 제 1위 의장에게는
consensus text 가 거의 완성단계에 있음을 참고로 알려
두었음. 아측과 공산측은 금기 공동제안국 회의를 소집
20일중 consensus text   에 관한 동의를 받기로하였음.
1973. 11. 20.   아측은 오후 5시반 오주대표부에서 공동제안국 회의를
개최하고, 합의문서에 대한 동의를 만장일치로 서명하였음.

- 9 -

40

1973. 11. 21. (1) 제1위 의장은 합의문서 발표전, "튀니시아"대표와 "바루디"대표를 초치, consensus text 가 양측의 협의를 통하여 이루어졌으니 만큼 "튀니시아"안과 "바루디"안을 철회하여 주도록 막후 요청을 하였음.

(2) 제 1위 의장은 합의문서를 오전회의가 끝날무렵 낭독하고 제 1위의 동의를 구하였으며, 제 1위는 이의없이 합의문서에 동의하였음.

(3) 쏘련측은 공산측 공동제안국 회의에서 불만의 표시를 하였다고 알려졌으나, 대세가 막혔으므로 기울어졌음을 알고 별도 행동을 취하지 않았다고 함.

(4) "바루디"대표 및 "튀니시아"대표는 각기 자기 안의 투표를 굳이 요구하지 않겠음을 명백히 하였음.

(5) 이로써, 한국문제는 대결없이 서로 합의된 분야의 문제만을 처리하는 선례를 만들고 종결되었음.

41

시 기		내 용
1950	10. 7	유엔총회 UNCURK 창설 결의 [자료 1] "Resolution 376 (V) Adopted by the General Assembly", October 7, 1950
1968 ~1970		제23차부터 제25차 유엔총회까지 연달아 공산 측이 외국군 철수 결의안 및 UNCURK 해체 결의안을 각기 제출. 그러나 모두 표결 끝에 부결
1969	6. 23	서울 영등포에 UNCURK 신청사 개관식
1971	6. 8	주한미국대사 포터가 국무부에 보낸 문건에서 UNCURK를 포함한 한국 관련 유엔기구의 유용성에 대해 문제 제기 [자료 2] "Telegram from the Embassy in Korea to the Department of State", June 8, 1971
	7. 9-11	키신저 비밀 베이징 방문(1차 방문), 저우언라이 총리가 주한미군 철수 등을 언급했으나, UNCURK 문제는 언급하지 않음
	9. 23	유엔총회 운영위원회 한반도 문제 토론 연기안 가결. 9월 25일 유엔총회 본 회의에서도 연기안 가결
	10. 22	키신저의 2차 베이징 방문 중 저우언라이가 북한이 미국에게 보내는 8개 항 의 구두 메시지를 키신저에게 전달. 이중 UNCURK 해체 주장 포함 [자료 3] "Memorandum from Kissinger to Nixon", November. 1971
1972	2. 23	닉슨 미국 대통령의 베이징 방문 과정에서 저우언라이 UNCURK 해체 언급. 닉슨은 미국 정부도 연구 중이라 답변 [자료 4] "Memorandum of Conversation", February 23, 1972
	2. 27	미국과 중국 상하이 공동성명 발표. 중국 측은 여기서 허담 8개 항과 UNCURK 해체를 언급
	3. 23	외무부 청와대 안보 관련 회의 준비 문건에서 UNCURK 기구 유지 정책 언급
	6. 21	김일성 워싱턴포스트지 기자 Selig Harrison과의 인터뷰에서 유엔군사령부 및 UNCURK 해체 주장

| 1972 | 6. 22 | 저우언라이가 키신저에게 연내(1972년)에 UNCURK를 해체하자고 제안. 키신저는 한반도 문제에 대한 토의를 미국 대통령 선거(11월) 이후로 미루자고 제안 |

[자료 5] "Memorandum of Conversation", June 22, 1972

---

7. 4 남북 공동성명 발표. 남북대화 급진전

---

7. 26 키신저 중국 유엔대사 황화(黃華)를 만나 유엔총회(27차)에서 한반도 문제 논쟁이 회피될 수 있다면, 다음 총회에서 미국은 UNCURK 해체를 위해 노력하겠다고 언급

---

9. 21 제27차 유엔총회 운영위원회에서 한국 문제 일괄 토의 연기안이 가결

---

12. 16 외무부 방교국 국제연합과가 UNCURK 활동 중지 등 정책 변경을 고려할 수 있다는 문건을 작성

[자료 8] 방교국 국제연합과, 「1973년도 대유엔정책 및 사업계획과 건의사항」 1972년 12월 16일

| 1973 | 2. 18 | 키신저는 베이징에서 저우언라이에게 연내에 UNCURK 활동을 종결할 수 있다고 언급 |

[자료 9] "Memorandum of Conversation: Chou En-lai and Kissinger", February 18, 1973

---

2. 24 김용식 외무장관은 키신저의 회담에서 한국 정부는 UNCURK를 유지하기를 희망한다고 말함

---

3. 17 키신저 유엔 주재 중국대표부를 통해 중국이 한반도 문제를 제28차 유엔총회 의제로 상정하지 않는다면 UNCURK 회의를 무기한 연기(sine die)하는 방식으로 UNCURK의 활동을 실질적으로 종결시키겠다고 제안. 중국은 이러한 제안을 거부하며 한반도 문제 토론 주장

---

5. 16 북한 세계보건기구(WHO) 가입 성공. 북한이 유엔에 옵서버 대표부를 설치할 수 있게 됨

---

5. 25 한국 정부 획기적인 외교정책의 변경을 미국 측에 통보하면서 UNCURK 활동 중단에 반대하지 않겠다고 함

---

6. 23 박정희 대통령이 남북한 유엔 동시 가입 등 새로운 외교정책에 대한 특별선언 발표. UNCURK 문제는 여기서 직접 거론되지 않았지만, 기자들의 질문에 대해 한국 정부는 UNCURK 해체에 반대하지 않는다는 입장을 피력

1973	8. 22	미국 정부는 중국 정부에 UNCURK가 유엔총회에 조직의 자진 해제 (dissolution)를 건의할 것이며, 이 문제가 올해 해결되면 내년에는 유엔군사 령부 문제를 협의하겠다는 문서(note)를 전달 [자료 10] "Note From the Government of the United States to the Government of the People's Republic of China", August 22, 1973
	8. 27	북한 외교관들이 베이징에 있는 미국 연락사무소를 방문하여 뉴욕 유엔 옵 저버 대표부에 파견될 북한 외교관의 비자 문제를 문의. 북한과 미국 외교관의 첫 만남
	8. 28	북한이 남북대화 중단 선언을 발표
	8. 29-30	UNCURK는 회의를 열고 28차 유엔총회에 제출하는 보고서에 자진 해체를 건 의하는 내용을 수록. 9월 7일 UNCURK 사무국은 이를 공식 발표
	9. 10	한반도 문제에 대한 서방 측 결의안과 공산 측 결의안이 각기 유엔총회에 제출. 서방 측 결의안은 UNCURK의 해체를 승인하고, 남북한 유엔 동시 가입을 제안. 공산 측 결의안은 UNCURK 해체, 유엔군사령부 해체, 외국군 철수를 주장
	10. 1	유엔총회 제1위원회는 동서 양측의 상호 합의에 의해 의장의 구두 선언 형식 으로 남북한 대표를 한국 문제 토론에 동시 참석시키기로 결정
	11. 7	밤 10시 30분 중국 유엔대표부 대사 황화가 미국 유엔대표부 대사 스칼리 (John Scali)의 관저를 방문. 황화가 양측 결의안을 투표에 부치지 않고, 양 측이 합의한 내용을 제1위원회 의장이 구두 성명으로 발표하는 방식으로 UNCURK 해체 문제를 처리하자고 제안 [자료 13] 유엔대표부, 「한국문제에 관한 막후교섭 일지(제28차 총회, 1973년)」 (1973. 12)
	11. 8	스칼리와 황화 다시 만남. 중국 측이 합의 성명 초안을 제시
	11. 9	미중 양측은 합의성명 초안 내용을 합의하여 확정. 남북한 유엔 가입 문제 등 등의 쟁점은 모두 거론하지 않고, UNCURK 해체만을 거론하기로 함
	11. 11	베이징에서 저우언라이 총리는 키신저에게 북한이 결의안 공동 제안국으로 가담한 자신들의 우방국들을 설득하는 데 시간이 필요하다고 하면서. 한반 도 문제 토론을 조금 연기하자고 제안
	11. 13	중국은 미국에 북한 대표가 공산 측 결의안 제안국인 알제리를 설득하고 있 지만 여의치 않은 상태라고 언급. 미국과 우방국들은 네덜란드가 알제리를 설득하기 위해 별도의 양자 협상을 전개하는 것으로 합의
	11. 14	유엔총회 제1위원회에서 한국 문제에 대한 토의 시작

1973	11. 16	박정희 대통령이 서울을 방문한 키신저를 만나, 한국 정부도 남북불가침협정을 체결하고, 휴전협정을 그대로 유지하며, 한국군이 유엔군사령관의 기능을 승계하는 방식으로 유엔군사령부 해체를 고려하고 있다고 거론

[자료 12] "D246: Memorandum of Conversation, President Park and Secretary Kissinger", November 16, 1973

	11. 19	네덜란드와 알제리가 협상이 타결되어 공동성명 내용에 대한 합의가 이루어짐

	11. 21	유엔총회 제1위원회 의장이 동서 양측이 합의하여 제출한 성명을 낭독. UNCURK 해체를 표결 없이 만장일치로 결의

	11. 28	유엔총회 본회의 UNCURK 해체를 결의한 제1위원회의 합의성명을 표결 없이 만장일치로 통과

| 참 고 문 헌 |

I. 연구 자료

1. 한국

국토통일원, 1984, 『남북대화백서』

국토통일원, 1985, 『남북한 통일제의 자료총람』

국토통일원, 1987, 『남북대화사료집』 제6권 -남북적십자회담 반응-

국토통일원, 1987, 『남북대화 사료집』 7권-남북조절위원회-

외무부, 대한민국 외교 문서 1961-1976, 대한민국 외교사료관(대한민국, 서울) 소장

외무부, 1976, 『유엔한국문제결의집』

외무부, 1979, 『한국외교 30년』

외교통상부, 2009, 『한국외교 60년』

민족통일연구원, 1993, 『남북한국력추세비교연구』, 양동문화사

2. 미국

Department of State, 2006, *Foreign Relations of United States 1969-1976*, Vol. XVII China 1969-1972, Washington DC, United States Government Printing Office

Department of State, 2007, *Foreign Relations of United States 1969-1976*, Vol. XVIII China 1973-1976, Washington DC, United States Government Printing Office

Department of State, 2010, *Foreign Relations of the United States 1969-1976*, Vol XIX Part1 Korea 1969-1972, Washington DC, United States Government Printing Office

Department of State, 2006, *Foreign Relations of the United States, 1969-1976*, Vol

E-13, Documents on China 1969-1972

(https://history.state.gov/historicaldocuments/frus1969-76ve13/comp1)

Department of State, Subject-Numeric Files 1970-1973, RG 59, National Archive at College Park(NA)

Department of State, Subject Files of the Office of Korean Affairs 1966-1974, RG 59, NA

Department of State, Subject Files of the Office of the Assistant Secretary of State for East Asian and Pacific Affairs 1961-1974, RG 59, NA

Department of State, Policy Planning Staff, Director′s Files(Winston Lord), RG 59, NA

Department of State, Policy Planning Staff, Records of the Planning Coordination Staff 1969-1973, Subject, Country and Area Files, RG 59, NA'

Department of State, Records of the Policy Planning Council, National Security Council Files 1964-1976

Department of State, Bureau of East Asian affairs, the Office of Regional Affairs 1948-75, RG 59, NA

Harrison, Selig. "Kim Seeks Summit, Korean Troop Cuts" *The Washington Post*, June 26, 1972

National Security Council, The Record of NSC, RG 273, National Archive at College Park

National Security Council, National Security Council Files, The Records of the Nixon Presidential Materials Project, National Archive at College Park

Ostermann, Christian F. and Person, James F. ed. 2010, *The Rise and Fall of Detente on the Korean Peninsular 1970-74*(Document Reader), North Korea International Documentation Project, Woodrow Wilson International Center

3. 북한

조선중앙통신사, 『조선중앙년감』 1970-1973

로동신문사, 『로동신문』 1970-1973

4. 동구권 외교문서

Person, James. ed., 2009, *Limits of the "Lips and Teeth" Alliance: New Evidence on Sino-DPRK Relations 1955-1984*(Document Reader), North Korea International Documentation Project, Woodrow Wilson International Center (http://www.wilsoncenter.org/publication-series/nkidp-document-readers)

Person, James. ed. *New Evidence on Inter-Korean Relations 1971-1972*(Document Reader), North Korea International Documentation Project, Woodrow Wilson International center (http://www.wilsoncenter.org/publication-series/nkidp-document-readers)

Schaefer, Bernd. 2004, *North Korean 'Adventurism' and China's Long Shadow, 1966-1972*, Working Paper #44, Cold War International History Project, Woodrow Wilson International Center (http://www.wilsoncenter.org/publication-series/cwihp-working-paper-series)

5. 중국

王泰平 主編, 1999, 『中華人民共和國外交史 1970-1978』 3卷, 北京, 世界知識出版社

劉金質, 楊淮生 主編, 1994, 『中國對朝鮮和韓國政策文件彙編』 4권, 北京, 社會科學出版社, 1994

6. 회고록 및 잡지 기사

구영록, 1973, 「한국외교의 현실논리 : 평화통일외교와 유엔전략에 관련하여」, 『신동아』 8월호

권근술, 1972, 「한국문제불상정의 유엔대책」, 『신동아』 9월호

권오기, 1973, 「유엔군철수등 난제에 초점 미국 : 세계가 보는 한국의 유엔외교」, 『신동아』 9월호

김달중, 1973, 「'한국문제'에 대한 주요세력의 정책적 태도 : 분단국과 유엔 특집」, 『정경
　　연구』 10월호

김영희, 1973, 「유엔 전략에 이상없나」, 『월간중앙』 10월호

김용식, 1987, 『희망과 도전』, 동아일보사

김택환, 1972, 「한국문제 불상정 정책과 유엔 : 남북접촉의 가속화문제가 제기되면서」,
　　『정경연구』 8월호

김학준, 1974, 「유엔의 '뜨거운 감자' : 한국문제」, 『월간중앙』 9월호

유완식, 1972, 「유엔을 겨누는 북괴의 평화공세 : 세계 격동과 도전속 : 한국의 정향」, 『정
　　경연구』 6월호

이시영, (조동준 면담), 2015, 『한국외교와 외교관』, 국립외교원 외교안보연구소 외교사
　　연구센터

이승헌, 1972, 「국제정치장에서의 남북한외교충돌: IPU와 제27차 유엔 총회결과를 중심
　　으로」, 『정경연구』 10월호

이영희, 1971, 「한국유엔외교의 새 국면」, 『신동아』 11월호

이종대, 1972, 「한국문제불상정의 유엔대책 : 오늘의 맥박」, 『신동아』 9월호

정용석, 1973, 「제28차 유엔총회의 남북한문제」, 『신동아』 11월호

II. 연구 성과

1. 저서

김지형, 2008, 『데탕트와 남북관계』, 선인

김학재, 2015, 『판문점체제의 기원』, 후마니타스

도널드 스턴 맥도널드, (한국역사연구회 1950년대반 역), 『한미관계20년사(1945-1965)』,
　　한울아카데미(Donald Stone MacDonald. 1992, *U.S-Koean Relations from
　　Liberation to Self-Reliance. Boulder*. Westview Press)

돈 오버도퍼, 1998, 『두개의 코리아』, 중앙일보사(Oberdorfer, Don. 1997, *The Two*

Koreas: A Contemporary History. New York. Basic Books)

리챠드 W. 스티븐슨, (이우형, 김준형 옮김), 1998,『미소 데땅트론』, 창문각

박재영, 2001,『유엔회의의 이해』, 법문사

서울대학교 국제문제연구소 편, 2011,『데탕트와 박정희』, 논형

서울신문사 편저, 1979,『주한미군 30년』, 행림출판사

신욱희, 2010,『순응과 저항을 넘어서 -이승만과 박정희의 대미정책-』, 서울대학교 출판
　　　문화원

양영식, 1987,『통일정책론』, 박영사

우승지, 2020,『남북화해론: 박정희와 김일성』, 인간사랑

이상숙, 2008,「북한·중국의 비대칭적관계에 대한 연구-베트남·중국의 관계와의 비
　　　교-」, 박사학위논문, 동국대학교 대학원 북한학과

李在方, 장덕환, 2005,『미중화해』, 법영사

이종석, 1995,『조선로동당 연구』, 역사비평사

정일형, 1961,『한국과 유엔문제』, 신명문화사

최명해, 2009,『중국·북한 동맹관계』, 오름

홍석률, 2012,『분단의 히스테리-공개문서로 본 미중관계와 한반도-』, 창비

Barnds, William J. 1987. *The Two Koreas in East Asian Affairs*. New York University
　　　Press

Chen Jian. 2001. *Mao's China and Cold War. Chapel Hill*. The University of North
　　　Carolina Press

Kirby, William C. Ross, Robert S. and Gong Li ed. 2005. *Normalization of U.S.-China
　　　Relations*. Cambridge, Harvard University Asia Center

Kissinger, Henry A. 2011. *On China*, New York. The Penguin Press

Leffler, Melvyn P. & Westad, Odd Arne ed. 2010. *The Cambridge History of the
　　　Cold War*, Vol I-III, Cambridge, Cambridge University Press

Mann, James. 2000. *About Face*. New York. Random House

宮岐繁樹, 구천서 옮김, 1987,『한반도 문제의 새로운 인식』, 온누리

2. 논문

김수광, 2008, 「닉슨 포드 행정부의 대 한반도 안보정책 연구, 한국방위의 한국화 정책과 한미연합방위체제의 변화」, 서울대학교 외교학과 박사학위 논문

김학준, 1990, 「한국휴전 이후 현재까지의 대한민국의 북방정책」, 『한국정치외교사논총』 제6집

김현철, 2004, 「1970년대 초 박정희의 한반도 평화구상과 자주·통일외교의 모색」, 『통일정책연구』 제13권 제1호

마상윤·박원곤, 2009, 「데탕트기의 한미갈등-닉슨, 카터와 박정희」, 『역사비평』 봄호

마상윤, 2011, 「데탕트의 위험과 기회: 1970년대 초 박정희와 김대중의 안보인식과 논리」, 서울대학교 국제문제연구소 편, 『데탕트와 박정희』, 논형

신욱희, 김영호, 2000, 「전환기의 동맹: 데탕트 시기의 한미안보관계」, 한국정치학회 "한국정치사" 기획학술회의 발표문

신욱희, 2001, 「데탕트와 박정희의 전략적 대응; 박정희는 공격적 현실주의자인가」, 서울대학교 국제문제연구소 편, 『데탕트와 박정희』, 논형

우승지, 2004, 「남북화해와 한미동맹관계의 이해, 1969-1973」, 『한국정치외교사논총』 제26집 1호

유석렬, 1986, 「북한의 제3세계 외교정책과 실태」, 『안보연구』 16호, 동국대 안보연구소

이광호, 1973, 「UNCURK그 四半世紀의 역사」, 『법학논총』 8호

이삼성, 1996, 「1965년-80년 기간 국제환경의 변화와 남북한 통일정책」, 『평화통일을 위한 남북대결』, 도서출판 소화

이용중, 2010, 「서해북방한계선(NLL)에 대한 남북한 주장의 국제법적 비교분석」, 『법학논고』, 제32집, 경북대학교 법학연구원

이주봉, 「1960년대 정치세력의 통일논의 전개와 성격」, 고려대학교 사학과 석사학위논문

전재성, 2006, 「세계적 차원에서 데탕트의 기원과 전개」, 김세균 외, 『북한체제의 형성과 한반도 국제정치』, 서울대학교출판부

홍석률, 2001, 「1970년대 전반 동북아 데탕트와 한국통일문제-미·중간의 한국문제에 대한 비밀협상을 중심으로-」, 『역사와 현실』 42호, 한국역사연구회

홍석률, 2010, 「1970년대 초 남북대화의 종합적 분석: 남북관계와 미중관계, 남북한 내부 정치의 교차점에서」, 『이화사학연구』 제40집, 이화사학연구소

홍석률, 2018, 「데탕트기 한국의 대공산권 정책」, 『한국문화연구』 34호

木宮正史, 2011, 「朴正熙政權の對共産圈外交-1970年代を中心に-」, 『現代韓國朝鮮硏究』 11號, 現代韓國朝鮮學會

Lee, Kwang Ho, 1974, *A Study of the United Nations Commission for Unification and Rehabilitation of Korea(UNCURK): the Cold War and a United Nations Subsidiary Organ*, Ph. D. Thesis, University of Pittsburg

Torrini, Camilo Sebastian Aguirre, 2014, 「칠레와 남북한 간의 관계에 대한 연구: 유엔 한국통일부흥위원단에서 칠레 역할과 사퇴문제를 중심으로-」, 서울대학교 국제대학원 석사논문

| 찾아보기 |

U